AF359025

REPONSES

DE M. LE COMTE DE MONT-REVEL,

ET M. LE MARQUIS DE SAINT MARTIN.

AU MEMOIRE

DU PRESIDIAL

DE BOURG EN BRESSE.

A PARIS,

Chez ALEXIS MESNIER, Libraire-Imprimeur,
Juré de l'Université, rue S. Severin, au Soleil d'or.

M. D. CC. XXVI.

REPONSES

De M. le Comte de Mont-Revel, & M. le Marquis
de Saint Martin.

Au Memoire imprimé du Préfidial de Bourg-en-Breſſe.

INTITULE';

*OBSERVATIONS SUR LE FACTUM
de M. le Comte de Mont-Revel.*

NCORE que l'Auteur du nouveau Memoire du Préfidial de
Bourg ait fait des efforts infinis pour tâcher de former de
nouvelles difficultez dans une caufe qui eſt toute fimple en
elle-même, quoyque très-importante dans les objets qu'elle
renferme, & qu'il faille d'ordinaire employer plus de temps
à détruire de mauvais moyens, qu'à en établir de bons.

Néanmoins l'on ſe flâte de refuter d'une maniere également ſommaire,
& invincible, les frivoles objections que l'on vient de répandre ſous le
nom du Préfidial de Bourg, & de diſſiper par le ſeul éclat de la verité,
tous les nuages par leſquels l'on s'eſt éforcé de la déguiſer, & de l'obſcurcir
~~ferver.~~

Le Préfidial de Bourg dans ſon premier Memoire, n'a eû aucun reſpect
pour la vérité; ce qui a reduit le Conſeil de M. le Comte de Mont-Revel
& de M. le Marquis de S. Martin, dans la neceſſité de relever le peu de
ſincerité du Preſidial, dans l'expoſition des faits les plus importants, & ſon
infidelité dans les citations.

L'Auteur du nouveau Memoire du Preſidial de Bourg, s'eſt emporté
avec aigreur contre le Conſeil de M. le Comte de Mont-Revel, & de M.
le Marquis de S. Martin, il ſe donne la liberté de le taxer de groſſiereté
dans ſon élocution, & de lui reprocher d'avoir commis des fautes ſans
nombre contre la netteté du langage, & la politeſſe des expreſſions, &
cela faute de diſcernement ſur ces ſortes de choſes.

A

Cet Auteur se seroit épargné la confusion de faire des reproches aussi ridicules & aussi mal placez, si la passion qui l'aveugle lui avoit laissé la liberté de faire attention qu'il ne s'agit point icy d'un ouvrage d'Academie ni d'une piece d'éloquence ; mais uniquement de discuter les droits, & les prétentions respectives des Parties, & qu'ainsi il n'est question que de parler de Titres, de moyens, & de maximes, où les jeux de mots sont également impuissans & hors de saison ; parce que la justice ne demande qu'à être instruite, & nullement à être flatée par des expressions polies, & ingenieuses, que les Juges sçavent toûjours immoler à la verité, & aux bonnes maximes qui demandent plus de simplicité que d'elegance, *simplicitas legibus amica est.*

Au surplus l'on ne sçauroit assez admirer la vanité de l'Auteur du Memoire du Presidial, & l'opinion avantageuse qu'il a si mal à propos conçûë de son stile qu'il voudroit apparamment faire marcher de pair avec celui des celebres Patru, & de Vaugelas ; mais quiconque lira son ouvrage, y reconnoîtra aisément la temerité, l'imprudence, & la presomption du satire *Marsias.* *

* Metamor-phose d'Ovide, Livre 6. Fable 7. malgré la punition que ce Satyre reçut de sa temerité ; il a passé pour le meilleur flateur de son temps.

Cet Auteur se recrie encore contre le conseil de M. le Comte de Mont-Revel, qu'il accuse d'avoir répandu dans son Factum, des paroles injurieuses contre le Presidial, & d'avoir avancé des faits calomnieux.

Mais il n'y a qu'à lire le premier Memoire du Presidial, & le Factum que l'on a employé pour réponse à ce Memoire, l'on sera convaincu que le Conseil de M. le Comte de Mont Revel, & de M. le Marquis de S. Martin n'a eû aucun dessein de dire des injures, & que c'est la necessité d'une legitime deffense qui l'a forcé d'accuser & de convaincre le Presidial de mensonge, & d'infidelité, ce qu'il ne pouvoit se dispenser de faire sans trahir son ministere & sans abandonner sa cause : Voilà ce qui lui a attiré toutes les injures, & toutes les grossieretez qui se trouvent répanduës pour ainsi dire à chaque ligne du nouveau Memoire du Presidial.

L'Auteur de ce Memoire impatient de donner des marques de sa politesse dans ses expressions, affecte à l'entrée de son Memoire, * de faire tenir au Conseil de M. le Comte de Mont-Revel, & de M. le Marquis de S. Martin un langage qu'il n'a point tenu, afin d'avoir occasion de se recrier, *qu'elle fatuité* ; mais ce terme indescent n'est propre qu'à exprimer le veritable caractere de celui qui a eu l'indiscretion de s'en servir.

* Premier Alinéa.

C'est trop s'arrêter à des injures & à des grossieretez, il faut passer à l'examen du nouveau Memoire du Presidial, que l'Auteur a jugé à propos de diviser en cinq questions generales, & de subdiviser ses pretendus moyens dans une multitude presque infinie d'articles, dont il auroit dû retrancher la meilleure partie comme inutile, & plus propre à fatiguer l'atention du Lecteur qu'à la soulager.

Le nouveau Memoire qui se presente à contredire, n'est à proprement parler qu'une répetition du premier, le même esprit de mensonge y regne dans toute son étenduë, avec cette difference néanmoins, que l'Auteur du Memoire ayant cru qu'une retractation publique blesseroit la gravité de la compagnie, il a pris le parti de s'armer d'un front d'airain, & de bannir toute pudeur pour soutenir des faits notoirement faux, sauf respect.

C'est avec regret que l'on se voit de nouveau forcé d'accuser & de convaincre un Presidial de mensonge & d'infidelité; mais il faut qu'une cause soit deffenduë, & il est juste que la vérité triomphe du mensonge.

Quant aux pretendus moyens qui se trouvent répandus dans le nouveau Memoire du Presidial, il ne sera pas besoin de faire de grands efforts d'imagination pour les dissiper, puisque l'Auteur les a tiré de sa seule tête, & c'est ce qui a si fort augmenté sa vanité naturelle; mais le public conviendra qu'il auroit dû puiser dans une meilleur source.

Premier moyen du Presidial.

Il ne consiste que dans une répetition inutile, de la maxime du Droit Romain, écrite dans la Loy unique, au code *ne liceat tertio provocare*, que le Presidial a opposé dans son premier Memoire, & pour donner quelque poids à une maxime qui est reprouvée par nos mœurs, le Presidial invoque l'Ordonnance d'Orleans, art. 50. & celle de Roussillon art. 24. 25. & 26.

RE'PONSES.

Pour éviter l'inconvenient des répetitions, le conseil de M. le Comte de Mont-Revel, & de M. le Marquis de S. Martin, employe ce qu'il a dit dans son Factum, page 10. v°. & 11. r°. à quoy l'on veut bien par surabondance ajoûter un argument sans replique.

Le Presidial, ou l'Auteur du Memoire qui paroît sous son nom, ne disconviendra pas que dans la Bresse également comme dans les autres Etats, le Droit Romain n'y a jamais eu force de loy que par une concession particuliere, & sous le bon plaisir du Souverain.

Le Presidial conviendra pareillement que les Souverains qui ont permis à leurs Sujets de suivre le Droit Romain, comme une raison écrite ne se font pas eux mêmes assujetis au Droit Romain, & qu'au contraire ils ont voulu que ce droit n'eût force de Loy, qu'en tant qu'il ne se trouveroit pas opposé à leurs Ordonnances, & à leurs Edits.

Enfin le Presidial conviendra encore que le Souverain est le maître absolu de regler comme bon lui semble, l'exercice & l'administration de la Justice, & de faire des Loix & des Ordonnances, entierement contraires aux maximes du Droit Romain.

Or dès le moment que par les infeodations faites à la Maison de la Baume Mont-Revel, le Souverain a précisément accordé le second degré de Jurisdiction, n'y a t'il pas de l'aveuglement & de l'absurdité de venir opposer que ce second degré de Jurisdiction, ne peut & ne doit pas subsister, attendu la maxime du Droit Romain? *Ne liceat tertio provocare.*

Venons au pretendu moyen que le Presidial voudroit se faire de la disposition, des Ordonnances d'Orleans, & de Rossillon.

1°. Lors de ces Ordonnances, les Seigneurs hauts Justiciers, ou du moins la plus considerable partie, avoient deux sortes d'Officiers de Judicature dans leurs Terres, sçavoir des Prevosts, & Chastelains, & des Baillifs & Senechaux, qui avoient chacun leurs Sieges particuliers, & ces Ordonnances décident que les Seigneurs seroient tenus d'opter l'un desdits Sieges.

En execution de ces Ordonnances les Offices de Prevôts & Châtelain ont esté unis·aux Offices des Baillifs & Sénechaux & les Prevôts & Châtelains sont devenus Lieutenants des Baillifs, & Sénéchaux. Voilà tout ce que ces Ordonnances decident, ce qui n'a pas beaucoup de rapport aux Juges d'appel.

En second, lieu les Ordonnances d'Orleans & de Roussillon n'ont jamais·regardé la Province de Bresse, par deux raisons qui ne souffrent point de repliques.

La premiere, est que la Bresse n'étoit point sous la domination de la France, lorsque ces deux Ordonnances ont esté faites & promulguées, & par consequent elles ne pouvoient pas étendre leur effet dans un Païs, & dans une Province qui n'étoit pas sous l'obeïssance du Legislateur.

La seconde, est que lors de la reunion de la Bresse à la Couronne; temps auquel les Ordonnances d'Orleans, & de Roussillon auroient pû étendre leur effet dans la Province: le Roy Henry le Grand par son Edit du mois de Novembre 1601. duement regiftré au Parlement de Dijon a précisément maintenu, & gardé les Seigneurs hauts-Justiciers de Bresse dans le droit, & la possession de leur second degré de Jurisdiction.

Il faut donc retrancher de la cause l'idée fantastique de suppression des Juges d'appel alleguée & imaginée par l'Auteur du Memoire du Préfidial, puisque bien loin que les Juges d'appel des Seigneurs hauts-Justiciers de Bresse ayent jamais esté supprimez par aucune Ordonnance, Edit, ou Declaration; au contraire dès l'instant de la réünion de la Bresse à la Couronne, ce second degré de Jurisdiction a esté autorisé & confirmé par le Souverain par un Edit solemnel qui est devenu par son enregistrement une Loy publique de la Province, qui se trouve suivie, & soûtenuë de la part des Seigneurs hauts-Justiers d'une possession publique, & paisible de 125 années entieres, & consecutives.

Second moyen du Préfidial intitulé, Anneantissement des Iuges d'appel.

Il est fondé sur la fausse suppression de l'Article 161 des Statuts de l'an 1430. sur l'Edit de François I. de 1535. & sur les suppressions chimeriques de 1617. & 1629.

R E P O N S E S.

Le Préfidial dans son premier Memoire avoit avancé que le second degré de Jurisdiction dont joüissoient les Seigneurs hauts-Justiciers de Bresse avoit esté supprimé par l'Article 161 des Statuts d'Amedé premier Duc de Savoye de 1430.

Suivant la discipline & l'usage du Palais, le Préfidial auroit dû rapporter la disposition de l'Article 161 pour prouver ce qu'il articuloit.

Mais comme il avancoit (sauf respect) une fausseté, il s'est bien donné de garde d'en user ainsi, puisqu'il auroit lui-même rapporté la preuve de son mensongé. Il a seulemeut affecté de rapporter deux lignes de l'Article 161 qui n'ont aucun rapport aux Juges d'appel, & qui ne regardent point les Seigneurs hauts-Justiciers de Bresse.

Dans

Dans le Factum que l'on a employé pour réponses à ce premier Memoire on a esté forcé de convaincre le Présidial d'infidelité, & d'un deffaut de bonne foy dans sa citation.

On a demontré par la disposition textuelle & litterale de l'Article 161 des Statuts de l'an 1430. que bien loin que le Duc Amedé eût supprimé le second degré de Jurisdiction accordé aux Seigneurs hauts-Justiciers, il avoit au contraire de nouveau autorisé & confirmé ce second degré de Jurisdiction.

L'Auteur du nouveau Memoire du Présidial, pour sauver à sa Compagnie le juste réproche de son infidelité entreprend aujourd'hui de donner un dementi à la l'Article 161 des Statuts de 1430. car quoique dans cet Article, le Prince par une disposition particuliere déclare en termes précis, qu'il excepte les Tribunaux des Juges d'appel des Barons, Bannerets, & autres tant Ecclesiastiques que Laïques, qui ont toute Jurisdiction, & des Juges d'appel, aux droits & Jurisdictions desquels Seigneurs hauts-Justiciers il n'entend point déroger en façon quelconque ni donner la moindre atteinte par son Edit.

Neanmoins l'Auteur du Memoire du Présidial a le front de soutenir que le Duc Amedé a supprimé les Juges d'appel de tous les Seigneurs hauts-Justiciers.

La proposition est hardie pour ne pas dire ridicule, & entreprendre de la combattre, c'est entreprendre de prouver qu'il n'est pas nuit en plein midi, en sorte que l'on pourroit se contenter de répondre à l'Auteur du Memoire du Présidial, ce que l'on répondroit à un homme qui nieroit le jour en plein midy ; mais on veut bien lui faire la grace de demontrer l'illusion & l'absurdité du mauvais expedient qu'il a imaginé pour sauver à son Corps le réproche qui lui a esté fait d'infidelité.

Cet habile Interprette, en voulant faire l'analyse de l'Article 161 des Statuts de 1430. dit que le Prince voulant restraindre la multiplicité des degrez de Jurisdiction, declare par une disposition generale qu'il supprime tous les Juges d'appel de certaines Provinces, & même le Juge General des appellations de Chambery voulant que les appellations des Juges ordinaires soient immediatement portées à son Conseil de Chambery.

Il faut observer que l'intention, & la volonté du Prince n'a esté uniquement que de supprimer ses propres Juges d'appel, c'est-à-dire des Terres de son Domaine, *in certis Provinciis, seu Baroniis nostris*, voilà ce que contient la disposition generale portée dans la premiere partie de l'Article 161.

Le Présidial convient que le Prince excepte de cette suppresion les Tribunaux des Juges d'appel de ses Provinces d'Italie & de Piedmont, *exceptis Curiis Judicum appellationum patriarum nostarum Italiæ Pedemontium.*

Il n'y a aucune difficulté entre les parties sur cette premiere exception.

Le mauvais équivoque que l'Auteur du Memoire du Présidial voudroit répandre, ne roulle que sur la seconde exception que le Prince fait des Juges d'appel de tous les Seigneurs hauts-Justiciers sans aucune reserve qui avoient une Jurisdiction pleniere, & le second degré de Jurisdiction ; aux droits, & Jurisdictions desquels Seigneurs hauts-Justiciers, le Prince declare en termes précis qu'il n'entend point déroger ni donner la moindre atteinte par son Edit, & voicy comme le Prince s'explique. *Exceptis etiam*

Curiis Judicum appellationum, Baronum Banneretorum, & aliorum tam Eccle-siasticorum, quam Laïcorum, Jurisdictionem omnimodam, & judices appellationum habentium, quorum Jurisdictionibus, & Juribus in aliquo derogare per hoc Edictum nostrum, non intendimus, nec volumus.

Quelque generale & quelque formelle que soit cette exception faite par le Prince en faveur de tous les Seigneurs hauts-Justiciers de ses Etats, sans aucune reserve ni distinction, neanmoins il plaît à l'Auteur du Memoire du Présidial, de restraindre cette exception absoluë, & indéfinie aux Juges d'appel des Seigneurs hauts-Justiciers d'Italie & de Piedmont, & de dire que cette seconde exception n'en doit former qu'une seule avec la premiere que le Prince a fait pour les Provinces d'Italie, & de Piedmont.

Cette proposition, est si absurde, & choque si ouvertement le bon sens que l'on se feroit un veritable scrupule de la relever, & de la combattre, si l'on ne se proposoit en même temps de demasquer le peu de bonne foy de celui qui l'a imaginée.

1°. On vient de l'observer; la suppression que le Prince fait par l'Article 161 de ses Statuts des Tribunaux des Juges d'appel, ne regarde uniquement que les Juges d'appel du Prince, & des Terres de son Domaine, & nullement les Juges d'appel des Seigneurs hauts-Justiciers.

2°. Le Prince fait constamment deux exceptions dont la premiere regarde uniquement & specifiquement ses Provinces d'Italie & de Piedmont, & la seconde qui est generale & indéfinie, regarde les Seigneurs hauts-Justiciers de ses autres Estats.

3°. Par la seconde exception le Prince ne se contente pas de declarer qu'il excepte de la suppression qu'il fait, les Tribunaux des Juges d'appel de tous les Seigneurs hauts-Justiciers, sans aucune reserve; mais il declare encore par surabondance, pour mieux manifester sa volonté, qu'il n'a point entendu & n'entend point déroger en façon quelconque par son Edit, ni donner la moindre atteinte aux droits & Jurisdictions des Seigneurs hauts-Justiciers.

4°. Dans la seconde exception le Prince ne parle plus d'aucune Province, ni d'aucun Païs en particulier; mais il fait une Loy generale qui embrasse & qui renferme tous les Seigneurs hauts-Justiciers de ses Estats, & qui autorise de nouveau leur second degré de Jurisdiction.

Ces deux exceptions n'ont rien de commun ensemble; elles sont totalle-ment distinctes & separées, & il seroit aussi impossible de reduire & de renfermer la seconde exception, qui est generale & indéfinie dans la premiere qui est particuliere, & qui ne regarde que les Provinces d'Italie & de Pied-mont, qu'il seroit impossible de reduire, & de renfermer une totalité dans une seule de ses parties.

Il est bien desagreable d'être reduit à prouver le jour en plein midy; C'est pourtant ce qu'il s'agit de faire icy.

L'Auteur du Mémoire du Présidial, en se donnant la liberté d'interpre-ter, ou pour mieux dire, de donner un démenti à la seconde exception faite en faveur des Seigneurs Hauts-Justiciers, dit que le Prince excepte aussi les Juges d'apel des Barons, & Bannerets, tant Ecclesiastiques, que Séculiers, qui ont des Juges d'apel situés dans les mêmes Provinces d'Ita-lie & de Piedmont, & que l'exception des Terres des Seigneurs Banne-rets, tant Ecclesiastiques, que Séculiers, n'en fait qu'une avec la premiere pour les Provinces d'Italie, & de Piedmont.

Mais si le Prince n'eût eu intention que d'excepter uniquement les Juges d'apel des Barons & Seigneurs Hauts-Justiciers de ses Provinces d'Italie & de Piedmont, il n'auroit pas fait deux exceptions distinctes & separées, il s'en seroit tenu à la premiere. *Exceptis Curiis Judicum appellationum Patriarum nostrarum, Italiæ, Pedemontium :* excepté les Tribunaux des Juges d'apel de nos Pays d'Italie, & de Piedmont. Si le Prince s'en étoit tenu là, il est sans difficulté que les Juges d'apel des Seigneurs Hauts-justiciers de tous ses autres Etats auroient esté suprimez.

C'est la raison pour laquelle le Prince qui n'entendoit suprimer que ses propres Juges d'apel des Terres de son Domaine, & qui ne vouloit point déroger, ni donner aucune atteinte aux droits & Jurisdictions des Seigneurs Hauts-Justiciers de ses autres Etats, fait une seconde exception génerale & indéfinie, par laquelle il déclare qu'il excepte aussi les Tribunaux des Juges d'apel, des Barons, Bannerets, & autres, tant Ecclesiastiques, que Laïques, qui ont toute Jurisdiction, & des Juges d'apel, & comme si ce n'eût pas esté assez que de déclarer qu'il exceptoit aussi les Juges d'apel des Seigneurs Hauts-Justiciers, le Prince ajoûte, qu'il n'entend point déroger, ni donner la moindre atteinte par son Edit aux droits & Jurisdictions des Seigneurs Hauts-Justiciers.

Or n'est-ce pas vouloir choquer ouvertement, & de gayeté de cœur le bon sens & la raison, de venir dire que cette seconde exception n'en fait qu'une avec la premiere, & ne comprend que les Juges d'apel des Seigneurs Hauts-Justiciers d'Italie, & de Piedmont?

1°. On demande à l'auteur qui convient que l'article contient deux exceptions; D'où vient que le Prince a fait deux exceptions, tandis qu'il n'en auroit fallu qu'une, s'il avoit voulu suprimer les Juges d'apel de tous les Seigneurs Hauts-Justiciers, excepté ceux des Seigneurs de ses Pays d'Italie, & de Piedmont? Cela est contraire à la raison ; car le Prince n'avoit qu'à déclarer qu'il suprimoit tous les Juges d'apel, excepté seulement ceux de ses Pays d'Italie & de Piedmont.

2°. Ces termes qui commencent la seconde exception, *exceptis etiam*, EXCEPTE' AUSSI, dénotent invinciblement, & malgré que l'on en ait, que le Prince exceptoit d'autres Juges d'apel, que ceux d'Italie, & de Piedmont.

3°. Ce n'est que dans la seconde exception, où le Prince parle des Barons, Bannerets, & autres Seigneurs, tant Ecclesiastiques, que Laïques, ayant toute Jurisdiction, & des Juges d'apel; parceque cette seconde exception étoit faite uniquement en faveur de tous les Seigneurs Hauts-Justiciers, sans distinction pour leur conserver leurs Juges d'apel, & leurs droits de Justice en entier.

Mais (dit l'Auteur du Mémoire du Présidial) si l'on n'unissoit pas les deux exceptions pour les restraindre dans les Provinces d'Italie, & du Piedmont, la seconde exception n'auroit pas le sens commun, puisqu'il est notoire que dans toute la Savoye, la Bresse, & le Bugey, les Evêques Chapitres, Abbayes & autres Ecclesiastiques Justiciers, n'ont jamais eû des Juges d'appel, la plus grande partie n'avoit & n'a encore à present, que moyenne & basse Justice, au lieu qu'il n'en étoit pas de même en Italie, & en Piedmont, où les Ducs de Savoye ne gouvernoient pas si despotiquement que de deça les Monts.

On demanderoit volontiers, s'il en étoit icy queſtion, à l'Auteur du Memoire du Preſidial, par quelle raiſon l'autorité des Ducs de Savoye n'é-
toit pas ſi grande en Italie, & en Piedmont, que dans la Savoye, la Breſſe
le Bugey, & autres païs de deça les Monts, & où il a puiſé ce Trait Hiſto-
rique qui eſt une nouvelle viſion de ſa part, dont il veut nous faire preſent
pour ajuſter les pieces au Theatre.

Venons à la déplorable ſubtilité qu'il a imaginé pour faire unir les deux
exceptions dont il s'agit.

On pourroit ſe contenter de répondre que lorſque la Loy ne fait ni reſerve, ni diſtinction, & qu'elle eſt generale, & ſans reſtriction, il ne nous
eſt pas permis non plus de la limiter, ni de la reſtraindre, *noſtrum eſt le-
ges interpretari, non vero omiſſa ſupplere, & caſus non expreſſus pro omiſſo ha-
betur.*

Dans l'eſpece qui ſe preſente, il eſt moralement impoſſible de reſtraindre la ſeconde exception faite en faveur des Seigneurs hauts Juſticiers
dans les Provinces d'Italie, & de Piedmont, parce que la diſpoſition li-
terale de la Loy, y eſt abſolument oppoſée, & que le Prince a formellement voulu & ſtatué tout le contraire, il n'y a qu'à lire l'exception.

Inutile d'examiner icy le point de fait, de ſçavoir ſi les Seigneurs Juſticiers Eccleſiaſtiques avoient ou non en 1430. le ſecond degré de Juriſdiction ; parce qu'en ſuppoſant contre tout ce qu'il y a de vray-ſemblance
que dans tous les Etats de Savoye ; il n'y eût aucuns Seigneurs Eccleſiaſtiques qui euſſent le ſecond degré de Juriſdiction, il ne s'enſuivroit autre
choſe, ſi ce n'eſt que l'exception dont il s'agit, ne tomboit qu'en faveur
des Seigneurs hauts-Juſticiers Laïques, ayant le ſecond degré de Juriſdiction qui eſt conſervé, confirmé de nouveau, & autoriſé par cette exception.

Le ſeul cas où l'Auteur du Memoire du Preſidial pourroit ſe donner la
liberté de critiquer la Loy par un deffaut d'aplication, ſeroit ſi le Prince
dans ſa ſeconde exception n'avoit parlé que des Seigneurs Eccleſiaſtiques
ſeulement, en ce cas il pourroit dire que c'eſt envain que le Prince a excepté
les Juges d'apel des Seigneurs Eccleſiaſtiques, puiſqu'ils n'avoient point
de Juges d'apel, & toute la conſequence que l'on en pourroit tirer, ſeroit
de dire que l'exception étoit inutile.

Mais le Prince a compris dans ſon exception tous les Juges d'appel, des
Barons, Bannerets, & autres Seigneurs hauts Juſticiers, tant Eccleſiaſtiques, que Laïques, ayant le ſecond degré de Juriſdiction ; enſorte qu'en
ſuppoſant contre toute vray ſemblance, que dans les Etats du Prince
aucuns Seigneurs Eccleſiaſtiques, n'euſſent le ſecond degré de Juriſdiction, il ne s'enſuivroit autre choſe, ſi ce n'eſt que ces deux mots, *tant
Eccleſiaſtiques,* ſeroient ſurperflus, *non ſolent quæ abundant vitiare ſcripturas,*
& cela ne regarde point les Seigneurs hauts Juſticiers Laïques, auſquels
ils ſuffit que le Prince ait conſervé, & autoriſé de nouveau leur ſecond
degré de Juriſdiction.

Enfin cet Article 161. contient une troiſiéme diſpoſition qui comme on
l'a obſervé dans le precedent Factum, ne regarde point les Seigneurs hauts
Juſticiers de Breſſe, mais une ancienne prétention de la Maiſon de Savoye
ſur les Terres énoncées dans l'Article.

L'Auteur

L'Auteur du Memoire du Prefidial fe recrie en difant, que c'eft une imprudence de penfer que le Duc Amedé, qui étoit le plus fage & le plus fçavant Prince de fon fiécle, eût voulu fe repaître de chimeres, & faire des Loix pour des peuples qui n'eftoient pas fes fujets.

On répond qu'il n'eft point icy queftion d'examiner fi la prétention de la Maifon de Savoye étoit bonne, ou mauvaife, & fi les Terres énoncées dans l'Article, par exemple les Terres de la Maifon de Bourbon, aujourd'huy Souveraineté de Dombes, eftoient en 1430. fous la domination de la Maifon de Savoye, cela ne regarde abfolument point la conteftation.

On va feulement relever la furprife que le Prefidial a voulu commettre à la religion de fes Juges.

Dans le premier Memoire du Prefidial on articule que le Duc Amedé par l'Article 161. de fes Staturs avoit fupprimé les Juges d'appel de Breffe, & nommément ceux de Marboz, & de Colligny : On fe donne bien de garde de raporter la difpofition de l'Article, mais on raporte le nom de Marboz, & de Colligny, *de Marbozii & Colloniaci.*

Dans le fecond Memoire l'Auteur dit que le Prince veut que fon Juge ordinaire de Bourg, ait le reffort & la fuperiorité fur les Terres de Breffe, & fpecifiquement fur celles de Marbos, & de Colligny.

1°. Le Prince ne parle point dans cette derniere Partie de l'Article 161. de fes Statuts de la Seigneurie de Marboz ; il parle des Terres qui appartenoient aux Seigneurs des Maifons de Vienne, de Châlons, de Saint Amour, de Marboz, & de Colligny, ce qui eft different comme du jour à la nuit, *Terrarumque Dominorum Cabillone, de Vienna, de Sancto Amore, de Marbozii, & Colloniaci.*

2°. Le Prefidial a eû foin de retrancher ces termes, *Terrarumque Dominorum, &c.* Et a eû foin de ne raporter que le mot, *de Marbozii,* pour avoir pretexte de fuppofer que le Prince parloit de la Terre ou Seigneurie de Marboz.

3°. Si le Prefidial entend parler de la Baronnie de Marboz qui apartient à M. le Comte de Mont Revel, il doit faire attention qu'avant 1430. cette Baronnie étoit annexée au Comté de Mont-Revel, fuivoit le même reffort du Comté, qu'il n'y avoit à Marboz ni Juge ordinaire, ni Juge d'apel depuis l'érection de la Baronnie de Mont-Revel en Comté, & qu'ainfi il n'eftoit point queftion en 1430. de regler le reffort de la Baronnie de Marboz, qui eftoit reglé par les Lettres d'érection du Comté de Mont-Revel.

4°. Pour trancher icy en un mot, & pour faire évanoüir les vifions de l'Auteur il fuffit d'obferver que par la derniere partie de l'Article 161. le Prince n'introduit aucun droit nouveau, il ne fait uniquement que declarer qu'il laiffe les chofes dans le même état qu'elles eftoient avant la promulgation de fon Statut, par lequel il declare qu'il n'entend rien changer, ni innover à ce qui fe pratiquoit, & à ce qui avoit efté établi auparavant, *à quibus & eorum judicibus recurri debet, vel folet, contra quem quidem recurfum, & refolutum per hoc noftrum Edictum, nihil intendimus immutare,* les oppofitions des Sentences renduës par les Juges de ces Terres reffortiront, où elles doivent, & où elles ont accoutumé d'être relevées, auquel reffort nous n'entendons apporter aucun changement par nôtre prefent Edit.

C

Ainſi il faut que le Préſidial de Bourg ſe donne la peine de chercher quelque autre Statuts, & quelque autre Edit du Souverain, pour établir ſon pretendu droit de ſuperiorité ſur les Terres des Seigneurs hauts Juſticiers de Breſſe.

Enfin outre que par cette derniere partie de l'article 161. le Prince n'introduit aucun droit nouveau, & qu'au contraire il ne faſſe que déclarer qu'il n'entend rien changer ny innover à ce qui avoit eſté établi, & à ce qui ſe pratiquoit auparavant ſon Edit, cette derniere partie ne regarde abſolument point les Seigneurs hauts Juſticiers de Breſſe; mais uniquement une ancienne prétention de la Maiſon de Savoye, ſur les Terres de la Maiſon de Bourbon, aujourd'huy Souveraineté de Dombes, ſur celles de l'Archevêque de l'Egliſe Cathedrale de Lyon, & autres Terres; il n'y a qu'à lire cette derniere partie de l'article, où le nom de *Marboz* n'y eſt pas employé pour exprimer une Terre; mais une Maiſon, *Terrarumque dominorum, Cabilloné, de Vienna, de Sancto Amore, de Marbozii, & Colloniaci.*

Il faut donc retrancher du Mémoire du Préſidial la fauſſe ſuppreſſion que l'Auteur a ſi infidelement articulé avoir eſté faite par l'article 161 des Statuts de 1430 des Juges d'apel des Seigneurs Hauts Juſticiers de Breſſe, puiſque au contraire le Prince par une diſpoſition expreſſe faite en faveur de tous les Seigneurs Hauts-Juſticiers de ſes Etats, a conſervé & autoriſé de nouveau leur ſecond degré de Juriſdiction, & tous les autres droits de Juſtice attribués à leurs Terres, & Seigneuries.

L'exception faite par l'article 161 en faveur des Seigneurs Hauts-Juſticiers, n'eſt pas la ſeule diſpoſition qui ſervira à confondre le Préſidial d'infidelité, & de menſonge; car le même Duc Amedé dans les mêmes Statuts de 1430 par une diſpoſition ſuivante, a encore de nouveau autoriſé & confirmé le ſecond degré de Juriſdiction de tous les Seigneurs Hauts-Juſticiers de ſes Etats.

L'article 161 que l'on vient de raporter fait partie du Livre II. des Statuts de 1430, & par l'article premier du Livre III. des mêmes Statuts, le même Duc Amedé donne un nouveau pouvoir aux Barons, Bannerets, & autres Seigneurs ſes Vaſſaux ayant la Juriſdiction pleniere *merum, & mixtum imperium, omnimodamque Juriſdictionem*, & le ſecond degré de Juriſdiction, d'établir dans leurs Terres des Juges des appellations, de même que des Juges Ordinaires; & ce Prince enjoint en même temps par ſon Edit à tous les Seigneurs Hauts Juſticiers d'avoir ſoin de choiſir pour Juges d'appels de leurs Juſtices, des perſonnages capables, experimentés, d'une probité reconnuë, & en un mot ayant toutes les qualitez requiſes à de bons Juges. Voicy comme le Prince s'explique. *Barones, Banneretos, &*

Statuts de 1430.
Livre 3. Art. 1.

alios Vaſſalos noſtros, merum, & mixtum Imperium, omnimodamque Juriſdictionem habentes, quemlibet eorum juxta modum, menſuram & gradum ſuæ præeminentiæ, & poteſtatis conſuetæ Judices ordinarios, & appellationum; Eos videlicet qui Judices appellationum habent, & habere conſueverunt ad audiendas, cognoſcendas, & definiendas Cauſas, & Lites criminales, & civiles, nec non Caſtellanos & Scribas, ſeu Notarios Curiarum, & cæteros Officiarios, ad Juſtitiam in ſuis Territoriis, & locis ſolitis debité exequendam & miniſtrandam ſecundum Statuta noſtra, formamque Juris in Patria. Hoc Edicto ſtatuimus conſtituere, & habere viros probos, prudentes ad exequenda ſibi commiſſa Officia idoneos, & expertos, per quos quidem Judices eorum tam ordinarios, quam appellationum, &c.

Cet article n'a pas besoin de Commentaire, sa disposition litterale suffit pour prouver invinciblement que le Duc Amedé a dans tous les temps approuvé & autorisé les Juges d'apel des Seigneurs Hauts-Justiciers, qui en 1430 avoient le second degré de Jurisdiction, & le Prince par une disposition particuliere, & expresse de cet article, ordonne à tous les Seigneurs Hauts-Justiciers d'établir pour Juges ordinaires, & pour Juges des appellations de leurs Justices des Personnages de probité, & d'experience, pour connoître & juger toutes les affaires civiles & criminelles, qui surviendroient dans l'étenduë de leurs Territoires.

En cet état on laisse aux Juges & au public à porter leur Jugement sur l'infidelité, & sur la temerité insigne de l'Auteur du Mémoire du Présidial ; lorsqu'il a le front de soûtenir que par les Statuts de 1430 le Duc Amedé supprima les Juges d'apel des Seigneurs Hauts-Justiciers de Bresse.

Après une infidelité aussi inoüie, quelle foi sera-t'il possible d'ajoûter au Présidial, ou à l'Auteur de son Mémoire dans l'exposition des autres faits, *semel malus, semper præsumitur malus in eodem genere mali.*

Venons à l'Edit de François I. du mois de Mars 1535. par lequel ce Prince après avoir conquis, & s'être emparé de la Savoye, de la Bresse, & du Bugey, supprima les Juges d'apel des Seigneurs Hauts-Justiciers.

Le Présidial auroit pû, & dû passer sous silence cet Edit ; parce que ayant esté fait pour un Païs de conquête, il n'a duré qu'autant qu'a duré la possession de la conquête avec laquelle il s'est évanoüi.

On a d'ailleurs démontré dans le précedent Factum que Jean de la Baume, Comte de Mont-Revel, Gouverneur de Savoye, & de Bresse obtint de François I. des Lettres Patentes, portant confirmation des deux degrez de Jurisdiction, nonobstant la suppression des Juges d'appel, portée par l'Edit de 1535 ; Ensorte que la suppression momentanée de cet Edit n'a jamais regardé le Comté de Mont-Revel.

Le Presidial a fait de vains efforts pour combatre les Lettres patentes obtenuës par Jean de la Baume, par un deffaut d'enregistrement dans le Parlement que François premier avoit établi à Chambery.

Mais comme le Presidial dans son nouveau Memoire ne fait que repeter ce qu'il avoit dit à cet égard, dans le premier on employe les réponses que l'on a faites dans le precedent Factum, page 14. & on ajoute.

1°. Que les Lettres patentes obtenuës par Jean de la Baume ont eû tout l'effet qu'elles pouvoient avoir, qui étoit de maintenir, & de conserver la possession du second degré de Jurisdiction du Comté de Mont-Revel, pendant tout le tems que la Savoye, & la Bresse resterent sous la puissance de la France.

2°. Le propre Edit de 1535. tomberoit par le deffaut d'enregistrement, si la paix de 1559. par laquelle les Etats de Savoye furent rendus à leur Souverain, n'avoit pas fait évanoüir cet Edit.

L'Auteur du Memoire du Presidial qui est fecond en absurditez, a l'imprudence d'opposer que ne voyant aucun Edit des Ducs de Savoye, qui retablisse le second degré de Jurisdiction, suprimé par l'Edit de François premier de 1535. il est en droit de soûtenir que cette suppression subsiste.

Mais on demande à l'Auteur du Memoire du Presidial lui-même, si après que le Duc de Savoye fut rentré en possession de ses Etats, par la paix de 1559. l'Edit de François premier pouvoir subsister? Cela choque le bon sens; l'Edit du conquerant s'est de lui même évanoüi avec la possession de la conqueste, qu'il voulut bien abandonner par la paix de 1559. qui a retabli les choses dans leur premier état, inutile d'en dire d'avantange; parce qu'une proposition aussi absurde ne devoit pas trouver place dans un Memoi- répandu dans le Public, sous le nom d'un Corps comme le Presidial, qui auroit d'ailleurs dû faire attention que lors de la Réunion de la Bresse à la Couronne, les Seigneurs hauts Justiciers de Bresse ayant esté maintenus par un Edit solemnel dans tous leurs droits de Justice, & notamment dans le droit & possession du second degré de Jurisdiction, c'estoit une ridicu- lité, sauf respec, de venir opposer l'Edit de 1535. & sur tout de soutenir que la supression énoncée dans cet Edit subsiste.

Quant au projet d'accommodement énoncé dans le Livre du sieur Gra- net, page 26. cette pretenduë piece, quoique inutile, puisqu'il n'est ques- tion que d'un projet chimerique ne contribuera pas peu à faire évanoüir les visions de l'Auteur du Memoire du Presidial, & à le convaincre de mensonge, & de surprise.

Cet Auteur commence par qualifier ce pretendu projet, de Traité fait le 12. Mars 1617 entre les Députez des Seigneurs hauts Justiciers, & les Of- ficiers du Presidial, par lequel il est dit dans le premier article, *que ceux d'entre les Seigneurs de Bresse, qui ont Juges d'appeaux, en vertu de bonnes in- feodations, consentiroient à la suppression dudit degré de Jurisdiction d'appel.*

A entendre raisonner cet Auteur, il n'y a personne qui ne crût qu'il s'a- gisse icy d'un veritable Traité en bonne forme, fait entre les Seigneurs hauts Justiciers, & les Officiers du Presidial.

Cependant, il n'est question que d'un simple projet d'accommodement qui avoit esté concerté & imaginé pour le presenter aux Seigneurs hauts Justiciers de Bresse.

Le sieur Granet lui-même dans la page 261. en convient, & dit que les choses resterent sur les termes d'un simple projet, pourquoy ne pas dire la même chose?

Dans le precedent Factum, on a dit que c'estoit le sieur Granet qui étoit l'Auteur de ce projet d'accommodement.

L'Auteur du nouveau Memoire du presidial dit, que les parties furent convoquées & assemblées dans la Ville de Bourg, de l'autorité & permission de M. le Duc de Bellegarde, Gouverneur de Bourgogne, & il fait l'énume- ration des Députez, & Syndics de la Noblesse, qui assisterent à l'assemblée.

Sans entrer en l'examen du point de fait articulé, qu'il y eût une assem- blée dans la Ville de Bourg, de l'autorité & commandement de M. le Duc de Bellegarde, parce qu'il n'en est point question entre les parties, non plus que du projet d'accommodement dont le presidial parle, on se contentera d'observer qu'il auroit esté d'une necessité indispensable de faire comparoître à cette assemblée ou pretenduë assemblée, les Seigneurs hauts Justiciers, & des Terres de Marque & de Dignitez, ou tout au moins des Députez de leur part suffisament fondez de pouvoir; car il est singulier pour ne pas dire absurde, que l'on ait convoqué une pretenduë assemblée

dans

dans la Capitale de la Province, pour y traiter & compofer des droits les plus éminents, & les plus intereffants des Juftices des Terres de Marque, & de dignité, fans la participation des Seigneurs, fans qu'ils y fuffent prefens, ni des Députez ou Procureurs pour eux.

En cet état que l'Auteur du Memoire du Préfidial dife tant qu'il voudra que dans l'affemblée dont il parle, il y avoit les Syndics, & Députez de la Nobleffe, on répondra toûjours que dans cette prétenduë affemblée il n'étoit pas poffible d'y agiter, les droits des Juftices des Terres de Marque, & de Dignitez, puifque les Seigneurs de ces Terres n'y étoient point ni qui que ce foit de leur part.

L'Auteur du Memoire du Préfidial qui ne cherche qu'à furprendre, voudroit cependant infinuer que les Députez & Syndics de la Nobleffe étoient des Seigneurs hauts-Jufticiers.

Mais fuivant fon propre fyfteme & fon propre calcul, de tous ces prétendus Députez, il n'y avoit que le fieur de Seyturier qui fut Seigneur haut-Jufticier, & qui ne pouvoit parler que pour lui.

L'Auteur ajoûte enfuite qu'il n'eft pas à préfumer que les Députez ayent figné fans pouvoir & fans examen, cependant rien n'eft plus certain que les Syndics & Députez de la Nobleffe n'ont jamais eû aucun pouvoir ni aucun ordre de traiter, & de compofer des droits des Juftices des Terres de Marque & de Dignitez, s'ils avoient eû un pouvoir, il eft fans difficulté que le prétendu Concordat où accomodement dont le fieur Granet rapporte le projet dans fon Livre, auroit eû une pleine & entiere execution, & que le fecond degré de Jurifdiction feroit refté, éteint, & fupprimé.

Mais rien ne prouvera mieux le deffaut de pouvoir des Syndics & Députez de la Nobleffe, que la propre communication dont le Préfidial nous menace, & que l'on l'invite de faire de ce prétendu projet d'accommodement, que le fieur Granet, du confentement de fa Compagnie, imagina & rédigea par écrit, & propofa dans une affemblée où prétenduë affemblée, à des Députez, & des Syndics qui n'avoient ni droit ni pouvoir d'aucuns des Seigneurs hauts-Jufticiers, & des Terres de Marque, & de Dignitez en l'abfence & fans la participation defquels le projet de Concordat a efté fait, redigé par écrit, & propofé à l'affemblée dont le Préfidial parle.

Dans le nouveau Memoire le Préfidial fe plaint que le confeil de M. le Comte de Mont-Revel, & de M. le Marquis de Saint Martin s'en eft pris à l'Auteur du Livre intitulé *Stilus Regius*, & qu'il ne devoit pas diffammer un Livre dont on ne citoit pas les decifions, & qu'au refte le fieur de Granet merite beaucoup d'attention.

Il étoit très important d'inftruire le Public que le fieur Granet eft l'Auteur de toutes les entreprifes qui ont efté faites jufques à préfent, depuis la réünion de la Breffe à la Couronne, & depuis l'établiffement du Préfidial, fur les Juftices des Seigneurs, qui n'avoient jamais reçû aucun trouble pendant toute la domination de la Maifon de Savoye, le Préfidial n'oferoit en difconvenir.

Il étoit également important de donner au Public une idée de toute les propofitions érronnées que le fieur Granet a malicieufement affecté de répandre dans fon *Stilus Regius*, où il a pouffé les chofes à un tel excès, qu'il ne fe trouveroit abfolument aucuns cas, ni aucune affaire dont les Juges

D

des Seigneurs fuffent en état de connoître, & pour appuyer des propofitions auffi extraordinaires, ce prétendu Auteur a affecté de faire une foulle de citations afin d'ôter au Lecteur l'envie de les verifier.

Dans le précedent Factum pages 16. & 17. on a demontré l'infidelité du fieur Granet dans fes citations, & on l'a accufé d'avoir avancé autant d'erreurs que de propofitions, lorfqu'il a voulu combattre les droits des Juftices Seigneuriales ; le Préfidial en eft convenu & n'a ofé entrepréndre fa défenfe , la jugeant impoffible.

L'Auteur du nouveau Memoire du Préfidial ne craint point d'avancer que pendant la minorité de Loüis XIII. les Seigneurs introduifirent des nouveautez, & porterent les chofes à un tel excès, que ceux d'entr'eux dont les Juges d'appel avoient efté fupprimez, & qui n'en étoient pas en poffeffion rétablirent de leur propre autorité des Juges d'appel dans leurs Terres.

Ce raifonnement eft également rempli de fauffeté, fauf refpect, & d'abfurdité.

En effet on commence par interpeller l'Auteur du Memoire du Préfidial de nous indiquer, les noms des Terres, & des Seigneurs hauts-Jufticiers dont les Juges d'appel avoient efté fupprimez, & qui n'en étoient pas en poffeffion ; car tant qu'il parlera à mots couverts, & qu'il fe contentera de dire qu'il y avoit des Seigneurs dont les Juges d'appel avoient efté fupprimez, fans cependant en defigner aucuns, il ne fera poffible d'ajoûter la moindre foy à tout ce qu'il avance.

En fecond lieu l'Auteur du Mémoire du Préfidial, en difant qu'il y avoit des Seigneurs Hauts-jufticiers, dont les Juges d'appel avoient efté fupprimés , & qui n'en étoient pas en poffeffion, convient par une confequence néceffaire , qu'il y avoit d'autres Seigneurs Hauts-jufticiers, dont les Juges d'apel n'avoient pas efté fupprimez , & qui étoient en poffeffion de ce fecond degré de Jurifdiction , & par-là cet Auteur dément lui même en cet endroit, la fauffe propofition qu'il a jufques à prefent foûtenuë avec fi peu de bon fens, & tant d'opiniatreté, que les Juges d'apel de tous les Seigneurs Hauts-jufticiers, fans referve , ni diftinction , avoient efté fupprimés par les Statuts de 1430, quoique par ces Statuts le Prince par deux difpofitions expreffes, ait autorifé, confirmé, & confervé le fecond degré de Jurifdiction de tous les Seigneurs Hauts-jufticiers.

En troifiéme lieu, c'eft l'Auteur à qui les fuppofitions font fi familieres à rapporter quelque Edit des Ducs de Savoye, portant fuppreffion du fecond degré de Jurifdictions de quelques Seigneurs Hauts-jufticiers de Breffe en particulier. Car c'eft un point de fait conftant, que depuis la réünion de la Breffe à la Couronne , & depuis l'Edit folemnel du mois de Novembre 1607, portant confirmation du fecond degré de Jurifdiction de tous les Seigneurs Hauts-jufticiers de Breffe, il n'y a eu ni Edit, ni Déclaration qui ait fupprimé ce fecond degré de Jurifdiction, ni en general, ni pour quelques Juftices particulieres feulement.

En quatriéme lieu, comment les Seigneurs Hauts jufticiers, dont le fecond degré de Jurifdiction auroit efté fupprimé , auroient-ils pû de leur autorité privée établir des Juges d'apel dans leurs Terres ? le Préfidial , qui dès fon établiffement fous la conduite du fieur Granet s'eft fi fort attaché à commettre des entreprifes fur les Juftices des Seigneurs,

& à troubler leurs Officiers dans l'exercice des droits les plus inconteſtables de leurs Juſtices. Auroit-il ſouffert que des Seigneurs qui n'avoient
pas alors le ſecond degré de Juriſdiction, euſſent établi de leur autorité
privée des Juges d'apel dans leurs Terres? La propoſition choque le bon
ſens ; & ces Juges d'apel auroient-ils pû ſubſiſter un inſtant?

L'Auteur du Mémoire du Préſidial s'eſt flatté qu'il donneroit une cou-
leur, & une apparence de vray-ſemblance à ſes ſuppoſitions, en les pla-
çant ſous la Minorité de Loüis XIII. qu'il ſe donne la liberté de qualifier
de temps de troubles & de déſordres ; comme ſi la Juſtice eût entierement
interrompu ſon cours, & que les Magiſtrats fuſſent reſtez ſans autorité, &
ſans fonctions. Quelle indiſcretion ! de la part d'un Ecrivain qui eſt revê-
tu du caractere de Juge dans un Siége Royal.

Loüis XIII. étoit né le 27 Septembre 1601. La Régence pendant ſa Minorité commença au mois de May 1610, & finit en 1614.

Or pour mieux confondre l'Auteur du Mémoire du Préſidial, il n'y a
qu'à recourir au propre projet d'accommodement raporté par Granet, pag.
261, & ſuivantes, qu'il datte du 12 Mars 1617, & par conſequent poſte-
rieur à la Minorité de Loüis XIII.

Le Sieur Granet ne dit point, ni dans ce projet d'accommodement, ni
dans tout ſon Livre, qu'il y eût des Seigneurs Hauts-juſticiers, dont les
Juges d'appel avoient eſté ſupprimez, & qui n'étoient pas en poſſeſſion
du ſecond degré de Juriſdiction, ni encore moins que des Seigneurs euſſent établi, de leur ſeule autorité, des Juges d'apel dans leurs Terres.

Si tous ces faits étoient auſſi réels qu'ils ſont malicieuſement ſuppoſez,
le Sieur Granet, ſous les yeux duquel ils ſe ſeroient paſſez, auroit-il manqué d'en rendre compte, & dans le projet d'accommodement, on auroit
commencé par ſtipuler, que les Seigneurs Hauts-juſticiers qui avoient
rétabli, de leur ſeule autorité, les Juges d'appel de leurs terres, quoiqu'ils
n'en fuſſent pas en poſſeſſion, & qu'ils euſſent eſté ſupprimez, ſeroient tenus de les revoquer, avec défenſes à eux de les rétablir.

Le premier article de ce projet d'accommodement porte, *que ceux des
Seigneurs, & Gentilhommes qui ont Juges d'appeaux, en vertu de bonnes inféodations düement verifiées, conſentiroient à la ſuppreſſion dudit degré de Juriſdiction d'appel.*

On demande donc pour la ſuppreſſion du ſecond degré de Juriſdiction,
un conſentement autentique, de tous les Seigneurs, & Gentilhommes,
dont les inféodations contenoient la conceſſion du ſecond degré de Juriſdiction ; donc ce ſecond degré de Juriſdiction n'avoit jamais eſté ſupprimé,
ni en general, ni en particulier, pour quelques terres ſeulement, inutile de
s'étendre d'avantage, d'autant plus que l'on auroit pû ſe contenter, d'oppoſer contre des faits ſi temerairement hazardés, la maxime de Droit
de his quæ non ſunt, aut quæ non apparent, idem judicium eſſe debet.

On ne ſçauroit trop ſe recrier contre la conduite de l'Auteur du Mémoire du Préſidial, d'avoir affecté de repandre dans ſon Mémoire des
idées auſſi fauſſes & auſſi fabuleuſes.

L'Auteur finit cette partie de ſon Mémoire, en diſant que pour prouver par l'autorité Royale, que le ſecond degré de juriſdiſdiction doit reſ-
ter éteint & ſupprimé, il a rapporté l'Ordonnance de Rouſſillon, articles

24 & 25, & fur tout l'Ordonnance de Paris de 1529, qui dans l'article 123 enjoint à tous les Magiftrats de faire obferver l'Ordonnance concernant les reductions des Juftices des Seigneurs en un feul degré, fans permettre qu'il y foit contrevenu.

Mais on a cy-devant démontré d'une maniere invincible, que les Ordonnances d'Orleans, & de Rouffillon pour la reduction des Juftices des Seigneurs en un feul degré, n'ont jamais regardé, & ne regardent point la Province de Breffe ; parce que d'un côté cette Province n'étoit point fous la domination de la France, lors de la promulgation de ces deux Ordonnances, & que d'un autre côté, lors de la réünion de la Breffe à la Couronne, le fecond degré de Jurifdiction de tous les Seigneurs Hauts-Jufticiers de Breffe, a efté confirmé & autorifé par l'Edit du mois de Novembre 1601, qui eft une loi publique qui impofe filence au Préfidial.

Quant à l'Ordonnance de 1629. outre que perfonne n'ignore que cette Ordonnance n'a jamais efté enregiftrée, & n'a jamais eu force de Loy, par la difgrace de fon Auteur, l'Article 123. que le Prefidial invoque, porte fon contredit avec lui, puifqu'il ne fait qu'ordonner l'execution des Ordonnances d'Orleans, & de Rouffillon, qui ne regardent point la Breffe.

RÉPONSES
Au troifiéme & au quatriéme moyen du Préfidial, l'un intitulé de Suppreffion du Juge d'appel, & l'autre d'Abolition du Juge d'appel.

Ces deux fubdivifions ainfi que la precedente intitulée, d'*Anneantiffement de Juge d'appel*, marquent la fertilité du genie de l'Auteur, qui les a fi heureufement imaginées.

Au fond les prétendus moyens que l'Auteur du Memoire du Préfidial propofe fous ces deux Articles ne font qu'une fuite de fes infidelitez, de fes menfonges, & de fes abfurditez, venons à la preuve.

Cet Auteur fuppofe que les ayeuls de M. le Comte de Mont-Revel, n'eftoient pas en poffeffion du fecond degré de Jurifdiction lors de la réünion de la Breffe à la Couronne, & même long-temps après.

On demande d'abord à l'Auteur d'une fuppofition auffi infigne, fur quoi il la fonde, & comment il auroit pû fe faire que lors de la réünion de la Breffe à la Couronne, le Comté de Mont-Revel, qui eft la plus ancienne Terre, & le plus ancien Comté non-feulement de la Breffe, & du Bugey, mais de tous les Eftats de Savoye, n'eût pas efté en poffeffion du fecond degré de Jurifdiction accordé à cette Terre, & aux Baronnies qui en dépendent par une foule de Titres fi anciens, fi refpectables, & fi glorieux à cette illuftre Maifon, qui eft la premiere à qui les Souverains ayent accordé le fecond degré de Jurifdiction.

Dans le précedent Factum on s'eft recrié avec juftice contre un menfonge auffi qualifié que l'on a parfaitement prouvé dans la page 15.

L'impoffibilité où s'eft vû l'Auteur du Memoire du Prefidial de répondre, & de parler raifon, lui a fait prendre le parti de perfifter dans fa dénégation, & de demander fi l'on produira des procedures, & des Sentences du Juge d'apel de Mont-Revel ; depuis 1430. & depuis 1535. jufqu'en 1601. pour établir par une fucceffion continuelle, la poffeffion paifible du fecond degré de Jurifdiction, malgré les Edits de fuppreffion de 1430. & de 1535.

Dès que l'on a fi invinciblement établi que les Statuts de 1430. bien loin de fuprimer, ont de nouveau autorifé le fecond degré de Jurifdiction, que la fupreffion momentanée portée par l'Edit de 1535. n'a jamais regardé le Comté de Mont-Revel au moyen des Lettres patentes obtenuës par Jean de la Baume, des Rois François premier, & Henry fecond, & qu'outre cela, l'Edit de 1535. s'eft évanoüi par la paix de 1559. il n'eft plus befoin de rapporter des procedures & des Sentences pour établir la poffeffion des Comtes de Mont-Revel, du fecond degré de Jurifdiction dont ils ont toûjours joüi : ainfi que les autres Seigneurs hauts Jufticiers, & il fuffit aux uns & aux autres, que jamais le fecond degré de Jurifdiction accordé à leurs Terres, n'ait efté fupprimé par les Ducs de Savoye, & que lors de la réünion de la Breffe à la Couronne, ce fecond degré de Jurifdiction leur ait efté confervé, & autorifé par l'Edit du mois de Novemboe 1601. regiftré au Parlement de Dijon.

L'Auteur ne parle icy de procedures, & de Sentences, que parce qu'il regarde comme impoffible d'en rapporter depuis 1430. jufques en 1601. & fur tout parce qu'il faudroit recourir au Senat de Chambery ; mais la chofe ne feroit pas impoffible s'il en étoit befoin.

Ferdinand de la Baume Comte de Mont-Revel, Gouverneur de la Province, avoit obtenu de Loüis le Grand au mois d'Avril 1654. des Lettres patentes, portant confirmation de tous les Privileges, & droit de Juftice accordez au Comté de Mont-Revel, & au Marquifat de Saint Martin.

L'Auteur du Memoire du Prefidial fuppofe avec fa temerité ordinaire, que Ferdinand de la Baume avoüa dans fa Requefte, que lui & fon pere ne joüiffoient pas du droit de Reffort, & Jurifdiction d'appel ; ce qui eft une furprife qu'il eft important de relever.

Ferdinand de la Baume à l'entrée de fa Requefte, expofe qu'en 1359. le Comte de Savoye avoit infeodé à Guillaume de la Baume, la Seigneurie de Marboz, avec toute Juftice haute moyenne & baffe, & droit de Reffort de Jurifdiction d'appel, fans autre referve que le droit de Souveraineté.

C'eft le feul endroit où Ferdinand de la Baume parle du fecond degré de Jurifdiction, ce qui détruit la fauffe idée que l'Auteur a malicieufement voulu répandre, que ny lui, ny le deffunt fieur Comte de Mont-Revel fon pere n'eftoient pas en poffeffion du fecond degré de Jurifdiction, car il n'en eft pas dit un feul mot dans le corps de la Requefte.

En fecond lieu, comme le Prefidial dès fon établiffement s'eftoit uniquement attaché à entreprendre fur les Juftices des autres Seigneurs, & que ces entreprifes alloient toûjours en augmentant par l'impunité que le Prefidial avoit trouvé à les commettre, *impunitas enim fpes magna eft peccandi illecebra*, Ferdinand de la Baume expofe que depuis l'érection du Comté de Mont-Revel, les Officiers de fes Terres avoient toûjours connu de toutes actions Civiles, & Criminelles, perfonnelles, réelles, & mixtes, même de toutes matieres poffefforiales, & petitoires, fubhaftations, Decrets, & difcutions de biens meubles, & immeubles, de tous differens meus, & à mouvoir, en confequence des Contrats paffez fous le Scel Royal, Lettres de Refcifion, confe&ions d'Inventaires, d'a&ions de tutelles de toutes fortes de Perfonnes de quelque qualité qu'elles puiffent être, même des Nobles au dedans defdites Jurifdi&ions, ce qui avoit toûjours efté obfervé pendant la domination des Ducs de Savoye.

En troifiéme lieu, Ferdinand de la Baume expofe qu'en confequence de l'Edit du mois de Novembre 1601. portant confirmation de tous les droits de Juftice & Privileges des Seigneurs hauts Jufticiers de Breffe, le deffunt Comte de Mont-Revel fon pere, ainfi que les autres Seigneurs hauts Jufticiers, avoient toûjours confervé la poffeffion de tous lefdits droits de Juftice.

Cet expofé dément donc le langage infidele que l'Auteur du Memoire du Prefidial a la temerité de tenir, en difant que Ferdinand de la Baume avoüa que ni lui ni le deffunt Comte de Mont-Revel fon pere, ne jouif-foient pas du droit de Reffort, & Jurifdi&ion d'appel.

Claude François de la Baume, Comte de Mont-Revel, Maréchal des Camps & Armées du Roy, & Gouverneur des Villes de Sauveterre, & d'Oleron, pere de Ferdinand, a paifiblement joüi (ainfi que fes prede-ceffeurs) avant & depuis la réünion de la Breffe à la Couronne, de tous les droits de Juftices, privileges, & prerogatives accordez au Comté de Mont-Revel, & aux Terres qui en dépendent.

Au Siege de Saint Jean d'Angely, où Loüis XIII. commandoit en Perfonne, Claude François de la Baume fut tué dans une attaque * en combatant genereufement pour la gloire de fon Prince, & le falut de fa Patrie, un coup fatal n'auroit pas dû terminer fitôt des jours fi precieux, *vir quem fi fata fervaßent?* *

Claude François de la Baume pere de Ferdinand, a donc joüi long-temps après la réünion de la Breffe à la Couronne, & jufques à fa mort arrivée comme on vient de l'obferver, au mois de May 1621, du droit de Reffort, & Jurifdi&ion d'appel, ainfi que de tous les autres droits de Juftice attribués au Comté de Mont-Revel, & Terres qui en dépendent.

Le pretexte dont l'Auteur du Memoire du Prefidial voudroit couvrir fa fuppofition, eft que Ferdinand de la Baume à la fin de fa Requefte dit qu'il craignoit que parce qu'il n'avoit pas obtenu du Roy Loüis XIII. ni du Roy Loüis XIV. des Lettres de confirmation, & qu'attendu que depuis la mort du fieur Comte de Mont-Revel fon pere, pour n'avoir eû connoiffance de fes droits, & par la négligence de fes Officiers, il n'avoit pas joüi de tous fes droits de Juftice, on ne l'y voulut troubler, il deman-doit qu'il plût à Sa Majefté lui accorder des Lettres de confirmations.

Ferdinand de la Baume ne parle point du fecond degré de Jurifdi&ion dans tout le corps de fa Requefte, où il a fait le détail de tous les droits affaires, & matieres dont fes Juges, & Officiers, avoient droit de connoî-tre en vertu de toutes les infeodations, & dont ils avoient toûjours paifi-blement joüi pendant toute la domination de la Maifon de Savoye, & de-puis la réünion de la Breffe à la Couronne pendant toute la vie du fieur Comte de Mont-Revel fon pere.

La raifon pour laquelle Ferdinand de la Baume en faifant le détail de fes droits de Juftice ne parle point du fecond degré de Jurifdi&ion, eft que jamais le Prefidial n'avoit eû la temerité de contefter ce fecond degré de

Jurifdiction, & on défie avec une entiere confiance le Préfidial de rapporter la moindre preuve, ni le moindre veftige de preuve qu'il ait jamais depuis fon établiffement contefté ce fecond degré de Jurifdiction, ni apporté le moindre trouble à l'exercice d'icelui.

Ferdinand de la Baume n'a rappellé que les droits, affaires, & matieres dans l'exercice defquels le Préfidial, depuis la mort du fieur Comte de Mont-Revel fon pere s'étoit donné la liberté de troubler les Officiers du Comté de Mont-Revel, tels que font les Decrets les difcutions les actions procedantes des Contrats paffez fous le fcel Royal, les dations de Tutelles Curatelles, confections d'inventaires, & caufes des Nobles, dont il perfifte encore aujourd'huy à vouloir s'arroger la connoiffance.

Il faut que l'Auteur du nouveau Memoire du Préfidial ait une grande habitude au menfonge pour ofer avancer que Ferdinand de la Baume étoit convenu que ni lui, ni le deffunt fieur Comte de Mont-Revel fon pere ne joüiffoient pas du droit de Reffort, & de Jurifdiction d'appel, tandis que Ferdinand de la Baume tient un l'angage tout contraire, & dit que tous fes anceftres, pendant la domination de Savoye, & depuis la réünion de la Breffe à la Couronne, le deffunt fieur Comte de Mont-Revel fon pere avoit en confequence de l'Edit du mois de Novembre 1 6 0 1. portant confirmation du fecond degré de Jurifdiction joüi paifiblement pendant toute fa vie, ainfi que les autres Seigneurs hauts-Jufticiers de la Province de tous les Privileges, & droits de Juftices attribuez par les infeodations.

Enfin les Lettres Patentes que Loüis le Grand eût la bonté d'accorder à Ferdinand de la Baume portant confirmation de tous les droits de Juftices de fes Terres devoient eftre plus que fuffifantes pour mettre fin aux entreprifes du Préfidial, & lui impofer un filence perpetuel.

Mais cette Compagnie ne reconnoît les conceffions des Souverains, & les Ordonnances qu'en tant qu'elles ne font pas contraires à fes interefts, quel attentat, & qu'elle temerité ?

Comme il eft impoffible de refifter à la verité, & que le propre du menfonge eft de conduire ceux qui les debitent avec opiniaftreté dans des contradictions, & des abfurditez qui les dementent, en voicy deux dans lefquelles l'Auteur du Memoire du Préfidial eft tombé

Cet Auteur ne craint point de dire que l'Edit du mois de Novembre 1701. & l'Arreft du Confeil de 1715. decident formellement contre M. le Comte de Mont-Revel, parce que l'Arreft qui eft conçû dans les mêmes termes de l'Edit, porte : *Le Roy en fon Confeil faifant droit fur le tout en tant que touche les Juftices ordinaires & d'apel, prétenduës par aucuns Seigneurs defdits Pays, a maintenu & maintient ceux defdits Seigneurs qui en font en bonne poffeffion, y eftoient lorfque lefdits Pays font venus en l'obéïffance de Sa Majefté, & en ont efté bien & düement pourvûs par Titres bons & valables fuivant les Ordonnances, & Reglemens obfervez audit Pays avant la reduction d'iceluy.*

Or comment pouvoir dire que l'Edit de 1601. & l'Arreft de 1615. decident formellement contre M. le Comte de Mont-Revel, cela choque la raifon.

1°. L'Edit du mois de Novembre 1601. conferve & autorife indefiniment le fecond degré de Jurifdiction.

2°. Quoique l'Arreft femble reftraindre l'Edit, en ce qu'il porte, qu'il maintient *les Seigneurs qui eſtoient en poſſeſſion*, *&c.* ce qu'il ne pouvoit pas faire , parce que l'Edit ayant eſté regiſtré purement & ſimplement ſans aucune modification , ni reſtriction ; il eſtoit devenu par ſon enregiſtrement une loy publique qui n'eſtoit plus ſujette à reſtriction.

Cet Arreſt ſuffiroit ſeul pour prouver que les Comtes de Mont-Revel eſtoient en poſſeſſion du ſecond degré de Juriſdiction.

En effet le Preſidial ſous la conduite du ſieur Granet, qui alors en eſtoit le chef, forma le deſſein au commencement de l'année 1612. de ſurprendre de la religion du Parlement de Dijon, un Arreſt qui dépoüilleroit les Seigneurs hauts-Juſticiers des droits les plus conſiderables, & les plus inconteſtables de leurs Juſtices, & entre autres du ſecond degré de Juriſdiction.

Le projet du Préſidial ne reuſſit qu'en partie, il ſurprit ſur une ſimple Requeſte non communiquée, l'Arreſt du 14. Avril 1612. par lequel il ſe fit attribuer la connoiſſance en premiere inſtance de differentes matieres qu'il eſt inutile de rappeller icy , & en ce qui régardoit les Juges d'appel il ne put obtenir autre choſe, ſi ce n'eſt que parties oüies il y ſeroit pourvû.

La Nobleſſe de Breſſe , & celle de Bugey préſenterent d'abord leurs rémontrances au Roy ſur cet Arreſt ſurpris, qui ſans connoiſſance de cauſe les dépoüilloit de la connoiſſance de differentes matieres qui leur apartenoit & dont leurs Officiers avoient toûjours connu.

Le Préſidial ayant eſté aſſigné au Conſeil, eſt intervenu l'Arreſt dont il parle du 24. Juillet 1615.

Il paroît par le vû de cet Arreſt que la Nobleſſe, c'eſt-à-dire, les Seigneurs hauts-Juſticiers avoient conclu chacun à ce que ſans avoir égard à l'Arreſt ſurpris par le Préſidial ſur une ſimple Requeſte non communiquée au Parlement de Dijon le 14. Avril 1612. il fut dit & ordonné, qu'ils joüiroient de leurs droits de Juſtices & degrez de Juriſdiction, tant de premiere inſtance que d'appel, & generalement de tous leurs autres droits, ainſi qu'ils avoient toûjours joüi tant auparavant leur réünion à la Couronne, que depuis.

Le Préſidial ne ceſſe de dire que M. le Comte de Mont-Revel eſtoit partie dans cet Arreſt, comme de fait il y étoit, & on peut dire le premier, comme la principale Maiſon, & poſſeſſeur de la premiere Terre de dignité de la Province, & par conſequent il a conclu avec les autres Seigneurs hauts-Juſticiers, à ce qu'il fût dit & ordonné qu'il joüiroit de ſes droits de Juſtice, & degrez de Juriſdiction tant de premiere inſtance que d'appel, & autres, & par conſequent preuve invincible que les ayeuls de M. le Comte de Mont-Revel eſtoient en poſſeſſion du ſecond degré de Juriſdiction avant, lors de la réünion de la Breſſe à la Couronne, & depuis.

Achevons de convaincre l'Auteur du Memoire du Préſidial, de menſonge, & d'abſurdité par ſon propre raiſonnement.

Il fonde uniquement ſon prétendu défaut de poſſeſſion du ſecond degré de juriſdiction, ſur les Statuts de 1430, & ſur l'Edit de François I. de 1535.

Les Status de 1430 prouvent la poſſeſſion des Comtes de Mont-Revel ; puiſque le Prince, par deux diſpoſitions expreſſes, confirme le ſecond degré de juriſdiction.

2°.

2°. Le propre Edit de 1535 prouve invinciblement la poffeffion des Comtes de Mont-Revel, du fecond degré de Jurifdiction.

En effet, fi les Statuts de 1430, au lieu de fupprimer, comme on le fuppofe, n'euffent pas confirmé le fecond degré de jurifdiction, & que les Seigneurs Hauts-jufticiers, par confequent les Comtes de Mont-Revel n'euffent pas efté dans la poffeffion réelle, & actuelle de ce fecond degré de Jurifdiction. Il eft inconteftable, que lorfque François I. eût conquis la Breffe, & les Etats de Savoye, il n'auroit point fallu d'Edit pour fupprimer un degré de jurifdiction qui auroit efte fupprimé, & qui n'exiftoit plus.

Ainfi le propre Edit 1535, par lequel François I. fupprime les Juges d'apel des Seigneurs Hauts jufticiers de Breffe, eft une preuve litterale, & autentique que le fecond degré de jurifdiction fubfiftoit en 1535, & par confequent preuve de la poffeffion continuelle des Comtes de Mont-Revel, depuis leurs premieres inféodations, jufques au jour de l'Edit, & ainfi des autres Seigneurs des Terres de marque & de dignitez.

Une troifiéme preuve litterale de la poffeffion des Comtes de Mont-Revel du fecond degré de jurifdiction dans la même année 1535, refulte du Procès-verbal de la réduction des Pays de Breffe, Bugey, & Verromay à l'obéïffance de François I. qui eft rapporté par Guichenon dans fes preuves, pag. 34, & fuivantes.

Jean de la Baume, Comte de Mont-Revel, Gouverneur de Savoye, de Breffe, Bugey, & Verromey, avoit d'abord efté delegué par ordre de François I. par l'Amiral Chabot, pour recevoir & faire prêter au Roi le ferment de fidelité de tous les Ecclefiaftiques, Gentilhommes, & gens du tiers état, avec pouvoir de commander en l'abfence de l'Amiral, de mettre ordre à la Juftice, & à la fûreté des places.

Or dans le Procès-verbal de réduction que Jean de la Baume fit dreffer, il y a dans le Chapitre pour l'adminiftration, & exercice de la Juftice un article portant, *que les appellations des Juges d'appel des Comtés de Mont-Revel, de Villars, & de Varax, reffortiroient fans moyen en la Cour de Parlement à Dijon, fans qu'il y ait reffort defdites appellations au Siége de Bourg; vû que par cy-devant n'y font refforties; mais étoient relevées à Chambery, au lieu duquel reffort, auront les Sujets, ladite Cour de Parlement à Dijon.* *

Une quatriéme preuve refulte des Lettres Patentes, que Jean de la Baume obtint de François I. portant en fa faveur une exception de la fuppreffion des Juges d'appel, faite par l'Edit de 1535 & permiffion de continuer comme auparavant des Juges d'appel dans fes terres, dont les appellations, tant en matiere civile, que criminelle, reffortiroient au Parlement, lors établi à Chambery.

Abftraction faite icy du prétendu défaut d'enregiftrement des Lettres Patentes. On ne doutera pas que Jean de la Baume Commandant pour le Roi dans la Province, & chargé de regler & mettre ordre à l'exercice & adminiftration de la Juftice, a eu le pouvoir & le foin de conferver fon fecond degré de Jurifdiction, de même que fes autres droits de juftice, en vertu des Lettres Patentes de fon Souverain, & par confequent, preuve invincible, que pendant toute la domination de François I. jufques à la paix de 1559. les Comtes de Mont-Revel ont joüi du fecond degré de jurifdiction.

* Cet Article eft raporté pag. 47. des preuves de Guichenon.

F

Au moyen de la Paix de 1559. le Duc de Savoye étant rentré en poſſeſſion de ſes Etats tous les autres Seigneurs hauts-Juſticiers rentrerent auſſi
en poſſeſſion de leur ſecond degré de Juriſdiction, la ſuppreſſion portée
par l'Edit de François I. étant évanoüie & annéantie par la paix.

Dans les infeodations & érections des Terres de Marque & de Dignitez
faites depuis la paix de 1559. les Ducs de Savoye ont toûjours accordé le
ſecond degré Juriſdiction, autre preuve de la poſſeſſion continuelle des
Comtes de Mont-Revel de même que de tous les autres Seigneurs hauts-
Juſticiers de ce ſecond degré, que les Souverains de Savoye, ont toûjours
confirmé, & autoriſé péndant tout le cours de leur domination.

Enfin lors de la réünion de la Breſſe à la Couronne tous les Seigneurs
hauts-Juſticiers, & par conſequent les Comtes de Mont-Revel ont eſté
maintenus, & gardez dans tous leurs Privileges, prérogatives & droits
de Juſtice, & notamment dans le ſecond degré de Juriſdiction par l'Edit
ſolemnel du mois de Novembre 1601. dûëment enregiſtré ſans la moindre
modification, ni reſtriction, & par conſequent preuves manifeſtes & inſur-
montables que les Comtes de Mont-Revel péndant tout le cours de la domination des Souverains de Savoye, & lors de la réünion de la Breſſe à la
Couronne eſtoient en poſſeſſion du ſecond degré de Juriſdiction.

Dans ces circonſtances, comment eſt il poſſible que des Juges qui doivent
eſtre, & qui par cette raiſon ſont appellés les clefs de la verité, ſe ſoient
oubliez juſqu'à commettre les infidelitez, & les ſurpriſes, & répandre
dans deux Memoires conſecutifs toutes les ſuppoſitions que l'on vient de
relever & qu'ils ont ſoûtenu avec tant d'opiniaſtreté.

L'Auteur de ces infidelitez, & de ces ſuppoſitions auroit dû avant de les
debiter faire attention, que vouloir ſoûtenir une mauvaiſe cauſe en op-
poſant le menſonge à la verité, & les erreurs aux bonnes maximes ; c'eſt
vouloir faire lutter des bottes de paille contre des braſiers ardents.

Le Préſidial voudroit icy ſuſciter une querelle d'Allemand, en diſant que
ſous la domination de Savoye les Juges étoient gagez & ne prennoient point
d'Epices ; mais que depuis la réünion à la Couronne les Seigneurs hauts-
Juſticiers ordonnerent a leurs Juges de préndre des Epices, & que ſi les
Seigneurs hauts-Juſticiers donnoient des gages à leurs Officiers comme ils
faiſoient avant 1601. M. le Comte de Mont-Revel bien loin de s'obſtiner
à avoir un Juge d'appel en demanderoit la ſuppreſſion.

Comme il n'eſt abſolument point icy queſtion d'examiner ſi les Juges
des Seigneurs hauts-Juſticiers prénnent des Epices, & s'ils ont droit d'en
préndre, on ſe diſpenſera de répondre à la nouvelle objection du Préſidial
comme inutile & étrangere à la conteſtation.

On obſervera au Préſidial qui témoigne une ſi grande attention pour
le bien Public qu'il peut s'adreſſer aux Juges des Seigneurs hauts-Juſticiers,
ils ſeront en état de ſe défendre.

On ne relevera pas non plus le reproche injurieux d'ignorance, &
d'avidité qu'il plaît à l'Auteur du nouveau Memoire du Préſidial de faire
à tous les Juges, & Officiers des Seigneurs hauts-Juſticiers de la Province,
on ſe contentera d'employer les deux Memoires Imprimez de cet Auteur.

SECONDE ²³ *QUESTION.*

Concernant le Reſſort immediat au Parlement de Dijon pour les cas non Préſidiaux des Iuges des appellations du Comté de Mont-Revel, & du Marquiſat de Saint Martin.

PREMIER MOYEN DU PRESIDIAL.

Il conſiſte à dire que ſuivant le propre Titre de l'érection de la Baronie de Mont-Revel en Comté, les appellations du Juge d'appel de cette Terre doivent eſtre dévolues au Preſidial, pour y eſtre jugées Bailliagerement, on en dernier Reſſort, ſuivant que la matiere ſe trouvera diſpoſée.

RE'PONSES.

C'eſt en vain que le Préſidial voudroit ſe prévaloir de ce que par les Lettres d'érection du Comté de Mont-Revel, il n'eſt point dit que les apelitons du Juge d'appel réſſortiroient au Senat à Chambery, & qu'au contraire la clauſe du Reſſort porte que les appellations du Juge d'appel dudit Comté ſeroient relevées pardevant le Juge General des appellations de Breſſe.

On a obſervé dans le précedent Factum qu'il n'étoit pas poſſible que l'érection du Comté de Mont-Revel renfermât en termes directs le Reſſort au Senat de Chambery, puiſque dans le temps de cette érection il n'y avoit point de Senat, qui n'a eſté créé que plus d'un ſiecle après.

On a de même obſervé que la Juſtice du Comté de Mont-Revel, & des Terres qui en dépendent, n'a jamais eſté aſſujetie à la Juriſdicton du Juge Mage, c'eſt-à-dire, du Juge ordinaire, du Prince que le Preſidial repreſente aujourd'hui.

On a encore obſervé que par les infeodations des Baronies de Marboz, & de Foiſſiat, & par les Lettres d'érection du Comté de Mont-Revel, le Prince ne s'étoit uniquement reſervé que la Souveraineté, & le Souverain Reſſort, c'eſt la raiſon par laquelle il n'a point aſſujeti ces Terres à la Juriſdiction de ſon Juge ordinaire; mais à celle du Juge General des appellations de la Breſſe, qui étoit Juge Souverain, & ſans appel; en ſorte que ſi la clauſe du Reſſort des Lettres d'Erection du Comté de Mont-Revel, ne contient pas en termes directs, ſauf le Reſſort au Senat de Savoye à Chamberry, parce que cela étoit moralement impoſſible, n'y ayant point alors de Senat, cette clauſe opere le même effet; parce que le Prince ne s'eſt reſervé que le Souverain Reſſort, pour marque de la Souveraineté, qui eſt la ſeule choſe qu'il s'eſt reſervé, avec l'hommage des Nobles, en ce qui concerne l'ancienne Baronnie de Mont-Revel.

Toutes ces propoſitions ont eſté démontrées avec une entiere évidence, page 18, 19, 20 & 21 du precedent Factum que l'on employe.

Il ne reſte plus qu'à diſſiper les vains efforts que le Preſidial a fait dans ſon nouveau Memoire, pour inſinuer que le Reſſort que le Duc Amedé s'étoit reſervé par les Lettres patentes de l'Erection du Comté de Mont-Revel, n'étoit pas le dernier Reſſort.

Le premier & principal effort du Prefidial, tombe fur la claufe du Reffort inferée dans les Lettres d'Erection du Comté de Mont-Revel, en ces
termes : *Ita tamen quod appellationes ab ipſo judice appellationum emitendæ, ad
judicem noſtrum appellationum Breſſiæ, vel alium, ſeu alios, de nobis, & noſtris deputandos, ipſorumque curiam, & examen directè, & immediatè devo-
luantur, quemadmodum, ut antea à Judicibus ordinariis ipſorum Baroniæ, & locorum devoluebantur,* de maniere que les appellations du Juge d'appel dudit Comté, feront dévoluës directement, & immediatement à nôtre Juge
des appellations de Breffe, tout ainfi qu'auparavant les appellations des Juges ordinaires de la Baronie y reffortiffoient.

Comme cette claufe contrarie infiniment le fyftême du Prefidial & fa
pretention, puifque le Prince n'affujettit point la Juftice du Comté de
Mont-Revel à la Jurifdiction de fon Juge Mage établi à Bourg, qui eft
aujourd'hui reprefenté par le Prefidial. L'Auteur de fon Memoire s'eft recrié en termes très indécens contre la traduction faite par le confeil de M.
le Comte de Mont-Revel, & M. le Marquis de Saint Martin, de ces termes contenus dans la claufe cy-deffus : *Vel alium, ſeu alios, de nobis, &
noſtris deputandos,* ou autres qui feront députez par nous & des nôtres, &
noſtris ; c'eft-à-dire de nôtre Confeil.

L'Auteur du Memoire du Prefidial foutient la traduction du terme, *noſtris,* abfolument mauvaife, & que par le mot *noſtris,* le Prince a entendu
parler de fes Succeffeurs, il pretend que ces termes : *Ad judicem noſtrum
ordinarium Breſſiæ, vel alium, ſeu alios, de nobis &noſtris députandos,* doivent
être interpretez & traduits de cette maniere : *Les appellations du Juge d'appel
de Mont-Revel, ſeront dévoluës à nôtre Juge des appellations de Breſſe, ou à
celui, ou à ceux qui ſeront établis par nous, & nos Succeſſeurs.*

Le Confeil de M. le Comte de Mont-Revel, & de M. le Marquis de
Saint Martin, a dit page 6. de fon Factum, que par les Lettres d'Erection
du Comté de Mont-Revel. Le Duc Amedé avoit fait l'honneur à l'illuftre
Jean de la Baume de l'appeller & le reconnoître pour fon proche parent,
par les termes inferez dans les Lettres patentes d'Erection, *ſpectabilis per-
ſona, conſanguineus.*

L'Auteur du Memoire du Prefidial fe recrie que le Confeil de M. le Comte de Mont-Revel & M. le Marquis de Saint Martin, ignore la Langue La-
tine, lorfqu'il a dit dans plufieurs endroits de fon Factum, que *conſanguineus*
mis dans les Lettres d'infeodations, veut dire proche parent.

Cet habile Grammairien pretend que le mot de coufin *conſanguineus, vel
cognatus* eft un terme d'honneur que les Souverains donnent aux principales Perfonnes de leur état.

Enfuite il dit page 13. de fon Memoire que le Confeil de M. le Comte
de Mont-Revel n'eft pas heureux dans les traductions qu'il a faites, tant
fur la Loy unique *codice ne liceat 3°. provocare,* que fur l'article 161 des Statuts de 1430. & encore moins fur le terme *conſanguineus ;* mais que le comble
de l'égarement fe trouve dans la traduction, & l'interpretation des paroles
de nobis, & noſtris deputandos, & que cet égarement ne va pas loin de l'ex-
travagance.

On peut dire qu'il eft inoüi qu'une compagnie de Juges ait affez peu de
pudeur pour donner des marques de fon animofité dans des termes fi
groffiers

grossiers , si indiscrets , & qui choquent si fort la bienseance ; on se dispensera d'en dire d'avantage, on veut bien avoir quelque ménagement pour le caractere de Juge, l'on se seroit épargné le chagrin d'accuser des Juges d'avoir commis des infidelitez, & répandu des mensonges, si l'on avoit pû se dispenser de les relever, & de les prouver.

Venons à la traduction des termes de *consanguineus*, & de *nobis, & nostris*, & n'imitons pas l'Auteur du Memoire du Presidial, qui se donne la liberté de critiquer une traduction qu'il soutient mauvaise, sans en aporter aucune preuve, ny aucune raison.

L'on a dit dans le precedent Factum, que par les Lettres patentes de l'Erection du Comté de Mont-Revel, le Duc Amedé avoit fait l'honneur d'appeller & reconnoître l'illustre Jean de la Baume pour son proche parent, *spectabis persona consanguineus.*

Il n'est pas possible de traduire autrement, & de donner une autre signification au mot latin *consanguineus* que celle de parent ; parce que ce mot *consanguineus* est un terme consacré uniquement pour marquer la parenté, il ne faut qu'avoir la plus legere teinture de latinité pour en être convaincu,

L'Auteur du Memoire du Presidial dit, que le mot de cousin *consanguinatus , vel cognatus* ; est un terme d'honneur que les Souverains donnent aux principales Personnes de leur Etat.

On convient que le mot de *cousin* est un simple terme d'honneur dont les Souverains se servent par distinction pour les principales Personnes de leur état.

Mais c'est une absurdité de dire que *consanguineus, vel cognatus* signifie cousin.

Consanguineus signifie uniquement parent, de quelque côté que procede la parenté, & à quelque degré qu'elle puisse être, Ciceron dit *consanguinei nostri, nos parents*, & il y a autant de difference & de disproportion entre le mot *consanguineus* & celui de *cousin* qu'il y en a entre le genre & l'espece.

Le mot latin *cognatus* signifie parent par femme, tout comme le terme *agnatus*, signifie parent par mâle, il n'y a qu'à renvoyer l'Auteur aux differents titres répandus dans le corps de droit, *de ligitimâ successione agnatorum, de successione cognatorum unde legitimi , unde cognati, de gradibus cognationum , de ritu nuptiarum, de suis & legitimis,* dans le Titre du Livre 4. des Décretales *de consanguinitate, & affinitate,* & une infinité d'autres, où l'Auteur du Memoire du Presidial apprendra ce que signifie les termes où les mots latins *consanguineus , vel cognatus* ; mais pourquoy renvoyer sitôt cet Auteur à des Livres si sçavants, il seroit plus à propos de le renvoyer à son Rudiment.

Ainsi il doit demeurer pour constant que le terme ou mot latin *consanguineus* que le Duc Amedé a fait inserer dans les Lettres de l'Erection du Comté de Mont-Revel, signifie uniquement *parent*, & que le Prince n'a fait inserer un semblable terme que dans le dessein d'honnorer l'illustre Jean de la Baume de la qualité *de son parent.*

En effet suivant que le Presidial le dit lui-même page 4. de son nouveau Memoire, le Duc Amedé étoit le plus sçavant Prince de son siecle, & parconsequent il n'ignoroit pas la signification du mot latin *consanguineus*, le Prince en connoissoit au contraire toute l'énergie, & sçavoit que ce terme étoit entierement consacré pour signifier la parenté.

G

Si ce Prince n'eût eu deffein que d'honnorer l'illuftre Jean de la Baume du nom de *coufin*: Ainfi que les Souverains ont accoutumé d'en ufer à l'égard des principales Perfonnes de leur état, les termes ne lui manquoient pas, il en avoit une parfaite connoiffance, & par confequent il ne fe feroit pas fervi du mot latin *confanguineus* qui n'a jamais fignifié *coufin*, mais uniquement *parent*, il fe feroit fervi d'un autre terme ; c'eft-à-dite de celui de *confobrinus* qui fignifie veritablement & uniquement *coufin*: Ainfi dès que le Duc Amedé qui étoit un Prince fçavant, au lieu de fe fervir du terme *confobrinus* qui fignifie *coufin* a fait inferer dans les Lettres patentes de l'érection du Comté de Mont-Revel, le terme ou le mot de *confanguineus*, qui ne fçauroit avoir d'autre fens, ny d'autre fignification que celle de *parent* il en faut neceffairement tirer la confequence que le Prince a voulu faire l'honneur à l'illuftre Jean de la Baume, de l'appeller & le reconnoître pour fon parent *confanguineus*.

Venons à la traduction des termes *de nobis*, *& noftris deputandos* toute la difficulté qui nous divife ne roulle que fur le mot *noftris* le Préfidial prétend que par ce mot *noftris*, le Prince a entendu parler de fes Succeffeurs, & le confeil de M. le Comte de Mont-Revel foûtient au contraire que le Prince a parlé des Confeillers de Confeil Souverain qui refidoit près de fa perfonne, & qui le fuivoit.

1°. La feule lecture de ces termes, *ad judicem noftrum appellationum Breffiæ, vel alium, feu alios de nobis, & noftris deputandos*, démontre invinciblement que le Prince ne parloit en cet endroit que de lui-même.

2°. L'on ne peut fans s'écarter du fens litteral de ces termes *de nobis, & noftris deputandos* les traduire autrement, *qui feront Députez par nous, & des noftre*, & le Prince n'a employé le mot *noftris*, *des noftres*, que pour marquer d'où il tiroit les Juges qui étoient Députez où qu'il députeroit pour Juges des appellations de Breffe.

3°. Le pronom *nofter* fignifie *ce qui eft à nous*, ce qui prouve que le Prince n'a employé le mot *noftris* que relativement au Juge, ou aux Juges qui étoient déleguez pour remplir le Tribunal des appellations de Breffe.

4°. Si le Prince eût entendu parler en cet endroit de fes Succeffeurs il ne fe feroit pas contenté d'employer feulement le mot *noftris*, *noftres*, une femblable exprefion ne convient point à un Souverain qui ne defigne pas fes Succeffeurs par le mot de *noftris* fimplement; il ne convient qu'à une perfonne privée de parler ainfi, *nous & les noftres*, lorfque les Souverains veulent defigner & comprendre leurs Succeffeurs, ils difent *par nous*, *& par nos Succeffeurs*, & non point *par nous*, *& les noftres*.

5°. L'infeodation du Comté de Mont-Revel contient la preuve litterale que lorfque le Prince a entendu parler, & comprendre fes Succeffeurs il ne les a pas defigné fous le termes de *noftres noftris*; mais il a inferé en termes précis *nous*, *& nos Succeffeurs*.

En effet le Duc *Amedé* en declarant, & faifant reconnoître à Jean de la Baume qu'il fe refervoit la Souveraineté, & le Reffort fur le Comté de Mont-Revel, &Terres qui en dépendent, s'eft expliqué de cette maniere. *Idem Comes pollicetur, & publicè recognofcit, nos, & noftros heredes, & Succeffores habuiffe & perpetuo habere debere Superioritatem ac Reffortum.* Ledit Seigneur Comte promet, & reconnoît publiquement que nous avons eû, & que nos heritiers, & Succeſſeurs auront à perpetuité la Souveraineté, & le Reſſort.

Le Prince en parlant de ſes Succeſſeurs ne les deſigne donc pas par ces mots, *nous & les noſtres, nos & noſtros*; mais il dit *nous, & nos heritiers, & Succeſſeurs.*

Ainſi lorſque le Prince après avoir dit que les appellations du Juge d'appel du Comté de Mont-Revel Reſſortiroient pardevant le Juge des appellations de Breſſe a ajoûté ces termes, *vel alium, ſeu alios, & de nobis, & noſtris deputandos* s'il avoit entendu parler de ſes Succeſſeurs, il ne ſe feroit pas ſervi du ſeul mot *noſtris noſtres*; mais il auroit ajoûté comme il avoit fait précedemment *ſucceſſoribus*, nos Succeſſeurs, ce que n'ayant point fait, il eſt impoſſible de reſſerer le mot *noſtris* aux Succeſſeurs du Prince.

C'eſt en vain que l'Auteur du Memoire du Préſidial oppoſe que lorſque dans la même infeodation le Prince accorde le ſecond degré de Juriſdiction à Jean de la Baume, & diſant que les deux Juges, que le Comte de Mont-Revel & ſes Succeſſeurs, établiront ſeront perſonnes capables de s'acquiter fidelement de leurs fonctions, s'eſt ſervi des termes ſuivans. *Judices idoneos, ab eo, & ſuis deputandos in ipſo comitatur fideliter exercendos*, & que les mots *ab eo, & á ſuis* veulent dire par lui, & par ſes Succeſſeurs & non pas par lui & des perſonnes Députées de ſon Conſeil.

L'Auteur du Memoire du Préſidial n'auroit pas fait une comparaiſon ſi abſurde, & ſi impropre, s'il avoit voulu faire attention à la difference qui ſe trouve entre le mot *ſuis*, & le mot *noſtris.*

Le mot *ſuis* n'a d'application & ne peut ſe reſerver uniquement & abſolument qu'à ſes enfants, ſa famille, ſes parents, heritiers & ſucceſſeurs, *ſui heredes qui in morientis familiâ proximum ab eo gradum obtinent.* *   Ulpien. Tit. 4.

Le pronom *noſter noſtre* ſignifie en general ce qui eſt à nous ce qui nous appartient, & ce qui dépend de nous & il ne peut ſe referer aux *Succeſſeurs* qu'en tant qu'il eſt précedé accompagné où ſuivi du ſubſtantif *Succeſſeurs*, ce qui a principalement lieu dans les Loix, les Ordonnances les Edits, les Statuts, & Lettres patentes des Souverains, qui n'ont jamais deſigné leurs Succeſſeurs par ces termes *nous, & les noſtres*, mais toûjours par ces termes *nous, & nos Succeſſeurs*, ainſi que l'infeodation du Comté de Mont-Revel nous en fournit un exemple, & la preuve dans la clauſe qui porte *ledit Seigneur Comte reconnoît publiquement que nous avons eû & que nos Succeſſeurs auront à perpetuité la Souveraineté & le Reſſort &c.* Et par conſequent ſi dans la clauſe en queſtion le Prince eût entendu parler de ſes heritiers, & Succeſſeurs, il ne ſe feroit pas ſervi du ſeul mot *noſtris*, il auroit dit *nos heritiers, & Succeſſeurs* tout comme dans la clauſe précedente.

Outre cela une obſervation importante, à faire eſt que par ces termes, *vel alium ſeu alios, de nobis, & noſtris deputandos*, le Prince n'a eû d'autre intention que de marquer que le Juge des appellations de Breſſe n'étoit point perpetuel, & en titre d'office; mais qu'il étoit par lui delegué & tiré de ſon Conſeil.

On joindra dans le ſuite une traduction exacte, & ſcavante de l'infeodation du Comté de Mont-Revel, qui ſera inceſſamment faite par les premiers perſonnages de l'Univerſité de Paris.

Il en faut revenir au veritable point deciſif de ſçavoir ſi le Juge des appellations de Breſſe étoit un Juge inferieur, dont il y eût appel, où s'il jugeoit en dernier Reſſort.

Le Préfidial foûtient, & il eft forcé de le faire que ce Juge des appellations étoit inferieur, à deffaut de preuves il oppofe les termes fuivants qui font dans l'infeodation du Comté de Mont-Revel, *quemadmodum ut antea à Judicibus ordinariis ipforum Baroniæ, & locorum devoluebantur* comme on y relevoit précedemment les appellations du Juge ordinaire de la Baronie de Mont-Revel.

Une premiere réponfe à une objection auffi frivole eft que le Préfidial en foûtenant que le Juge des appellations de Breffe, étoit inferieur fe contredit, & dément lui-même fon fyftême, qui confifte à dire que les principes de la Police du Droit écrit par lequel la Breffe a toûjours efté regie, deffendent d'appeller dans une même caufe à trois differents Juges, c'eft cependant ce que le Duc Amedé en accordant, ainfi que les précedents Souverains le fecond degré de Jurifdiction à la Maifon de la Baume Mont-Revel auroit introduit & établi fi le Juge des appellations de Breffe avoit efté inferieur, & qu'il y eût appel de fes Sentences.

La feconde réponfe eft que fi les appellations du Juge ordinaire de la Baronie de Mont-Revel avant fon érection en Comté, reffortiffoient pardevant le Juge des appellations de la Breffe, c'eft parce que le Juge Mage ou Juge ordinaire du Prince, que le Préfidial repréfente aujourd'huy, n'a jamais eû aucune Jurifdiction, fur les Juftices des Seigneurs hauts-Jufticiers.

En troifiéme, lieu comme avant, & lors de l'érection de la Baronie de Mont-Revel en Comté, il n'y avoit conftamment point de Senat, le Prince pour le foulagement de fes Sujets députoit dans la Breffe, & déleguoit lui même un où plufieurs Magiftrats pour juger toutes les appellations, tant de fes propres Juges que des Seigneurs hauts-Jufticiers.

On ne peut douter que le Tribunal des appellations de Breffe ne jugeât en dernier reffort, puifqu'il n'y avoit point de Senat, & que de ce Tribunal on ne pouvoit recourir qu'au Confeil fuprême du Prince, qui n'étoit point fedentaire, & qui fuivoit fa perfonne ; & c'eft par cette raifon que le Prince pour le foulagement de fes Sujets députoit, & deleguoit dans la Breffe des Confeillers de fon Confeil, pour y juger en dernier reffort toutes les appellations.

Le Préfidial a voulu dire que du Tribunal des appellations de Breffe, on recouroit au Confeil du Prince qui refidoit à Chambery, & que l'on a depuis appellé Senat.

Mais ce n'eft qu'une fauffe idée que le Prefidial voudroit répandre, & qui va être diffipée dans l'inftant.

1°. Lors de l'érection de la Baronie de Mont-Revel en Comté, il n'y avoit point de Confeil établi & fedentaire à Chambery, & par confequent il n'eft pas vray de dire que du Tribunal des appellations de Breffe, on recouroit alors au Confeil du Prince qui refidoit à Chambery ; puifque encore un coup en 1472, tems de l'érection du Comté de Mont-Revel, il n'y avoit point de Confeil établi à Chambery, & par une autre confequence neceffaire, il faut conclure que le Tribunal des appellations de Breffe, lors de l'érection du Comté de Mont-Revel, jugeoit en dernier Reffort.

2°. Ce n'eft qu'en 1430. qu'Amedé premier Duc de Savoye pour fes

Statuts du 17. Juin de la même année, créa le Conseil qu'il rendit sedentaire à Chambery.

La preuve en est écrite dans le Livre second de ses Statuts, depuis & compris l'Article 34. jusques & compris l'Article 53.

Par l'Article 34. le Prince crée un President, & il enjoint à ce Magistrat & Chef du Conseil, la Charge de la residence actuelle, & perpetuelle, *ad cujus Officium specialiter pertinere decernimus residere in dicto Consilio Chamberiari residente, & penes ipsum esse*, il veut que le President ait la garde des Sceaux du Conseil ; *eumque custodire sigilla nostra Curiæ ipsius nostri Consili :* Enfin le Prince ordonne que le President de son Conseil de Chambery, prêtera le même serment que son propre Chancelier, *ipsum simili & eodem juramento astringi volumus, & jubemus quo Concellarium nostrum super jus astringi decernimus.*

Par l'Article 35. le Prince crée deux Conseillers outre son Avocat & ses Procureurs Generaux Fiscaux, & il ordonne que les deux Conseillers prêteront le même serment, que ceux de son Chancelier, *quos cum assumentur astringi volumus & jubemus eodem juramento quo collaterales Concellarii nostri*, le Prince ordonne pareillement qu'encas d'absence du President, le premier des deux Conseillers ait la Garde des Sceaux du Conseil, pour sceller les Actes qui se presenteront, afin de ne point retarder ni interrompre le cours de la Justice ; *ne propter absentiam dicti Presidentis Actus Justiciæ retardentur Statuimns; & volumus quod in absentia ipsius Presidentis primus dictorum collateralium, vel unicus si sit unicus sigilla curiæ nostræ penes se habeat, & custodiat cum quibus sigillet sigillanda.*

Par une disposition particuliere de cet article, le Prince déclare que le President, & les deux Conseillers de son Conseil de Chambery feront corps de son Conseil, resident auprès de sa Personne ; *quos & præfactum Presidentem esse de gremio nobiscum residentis Consilii.*

. Par l'Article 36. le Prince déclare qu'il veut que le President & les deux Conseillers de son Conseil de Chambery, ayent des gages honnorables & proportionnez à leurs dignitez, & à leurs employs, *Presidentem, & collaterales predictos decenter salariatos esse volumus.*

Enfin par l'Article 37. le Prince regle le lieu, le tems & la forme des Audiances de son Conseil de Chambery, de même que les causes, affaires, & matieres qui s'y doivent traiter.

Les Articles 50. & 51. contiennent la création des Avocats, & Procureurs Fiscaux, Generaux du Conseil resident à Chambery.

En consequence de la creation & de l'établissement du Conseil rendu sedentaire à Chambery, le Duc Amedé par l'Article 161 du même Livre second de ses Statuts ayant jugé à propos de supprimer tous les Tribunaux de ses Juges d'appel, excepté ceux de ses Pays d'Italie & de Piedmont, & ceux des Seigneurs hauts Justiciers qu'il conserva aussi, ordonna par une disposition expresse de cet Article, que toutes les appellations ressortiroient dorénavant à son Conseil par lui établi à Chambery, auquel par son Edit il déclare qu'il en attribuoit le Ressort & la connoissance, outré les autres causes, affaires, & matieres qu'il lui avoit attribué ; *ad Consilium nostrum Chamberiari residens, cui hoc Edicto hujusmodi causarum appellationum, Audientiam, & diffinitionem, ultra alias causas eidem in-*

eumbentes generaliter committimus, cum contingerit appellare, seu recurrere sit immediate appellandum, & recurrendum.

Ainsi après la supreſſion faite par cet Article 161. du Juge General des appellations de Breſſe, les appellations du Juge d'appel du Comté de Mont-Revel, ont eſté dévoluës au Conſeil de Chambery, où elles ont reſſorti immediattement, & enſuite au Sénat après ſa creation, & ſon établiſſement, ce qui a toûjours eû lieu pendant toute la domination de la Maiſon de Savoye.

L'Auteur du Memoire du Preſidial a fait des efforts infinis; mais inutiles pour éluder l'induction inſurmontable qui reſulte en faveur du Comté de Mont-Revel, & qui établit d'une maniere ſi évidente que cette Terre n'a jamais eſté aſſujetie qu'à la Juriſdiction Souveraine du Prince.

C'eſt ce qui a forcé cet Auteur de recourir à toutes les infidelitez, dont on l'a ſi bien convaincu, c'eſt ce qui le force de dire en cet endroit page 12. de ſon Memoire, qu'après la ſuppreſſion faite par l'Article 161. des Statuts de 1430. du Tribunal des appellations de la Breſſe, les appellations des Sentences des hauts Juſticiers, ſe relevoient pardevant le Juge Mage du Prince, & delà au Conſeil Souverain de Chambery.

Mais voicy une autre idée fabuleuſe; car outre que l'on défie avec une entiere confiance le Preſidial de rapporter la moindre ombre de preuve, que jamais dans quelque tems que ce ſoit, le Juge Mage ait eû aucune Juriſdiction, ny aucune autorité ſur les Terres des Seigneurs hauts Juſticiers; c'eſt que l'infeodation du Comté de Mont-Revel, anneantit abſolument une pareille propoſition, puiſque le Souverain n'a point aſſujeti cette Terre à la Juſtice de ſon Juge Mage, ou juge ordinaire; & qu'aucontraire il a ordonné que les appellations du Juge d'appel dudit Comté, ſeroient dévoluës im mediatement au Juge General des appellations de Breſſe, auquel Tribunal reſſortiſſoient les propres appellations du Juge Mage, ou Juge ordinaire du Prince; & c'eſt ce qui marque la qualité & la dignité de la Juſtice du Comté de Mont-Revel, à laquelle le Prince donne le même Reſſort qu'à ſa propre Juſtice ordinaire dans la Province.

Il eſt donc invincible, que par la ſuppreſſion faite par l'Article 161. des Statuts de 1430. du Tribunal des appellations de la Breſſe; les appellations du Juge d'appel du Comté de Mont-Revel, ont eſté dévoluës au Conſeil de Chambery, auquel le Souverain par une diſpoſition expreſſe, a ordonné que toutes les appellations ſe releveroient directement & immediatement.

L'auteur eſt encore une fois forcé de recourir à ſes premieres ſurpriſes, il repete en cet endroit; c'eſt-à-dire page 12. de ſon Memoire, que par l'Article 161. le Prince ſoumit expreſſement à ſon Juge ordinaire établi à Bourg, non-ſeulement les Terres des Seigneurs qui reſſortiſſoient dans la Province; mais encore celles des Seigneurs étrangers, comme les Terres des Seigneurs de Bourbon, de Challons, de Saint Amour, de Colligny, & des Eccleſiaſtiques qui y ſont énoncez, *exceptis inſuper reſſortibus, & ſuperioritatibus, Terrarum Borboniis, Marbozii, Colloniari, & omnium aliorum Terrarum à quibus, & eorum Juridicibus, reccurri debet vel ſolet ad judicem noſtrum ordinarium Breſſiæ &c.*

On a déja invinciblement démontré que cette derniere partie de l'article 161. des Statuts de 1430. ne regarde qu'une ancienne prétention de la Maifon de Savoye; ce qui n'a aucun rapport à la conteftation, & on ne devroit pas affecter de repeter fi fouvent de pareilles abfurditez, fous le nom du Prefidial, qui auroit dû faire attention avant de les faire débiter, que les Terres dont le Prince parle, ne font point partie de la Breffe, & que d'ailleurs cela ne regarde abfolument point M. le Comte de Mont-Revel, ny aucuns des autres Seigneurs hauts Jufticiers.

On a encore obfervé que le mot latin *de MarboZii* n'eftoit point employé dans l'Article, pour exprimer le nom d'une Terre ; mais d'une Maifon, il n'y a qu'a lire l'Article qui porte, *Terrarumque dominorum, Cabillone de Vienna, de Sancto Amore, de Marbozii, & Colloniaci*, & des Maifons de Challon, de Vienne, de Saint-Amour, de Marboz, & de Colligny : Enforte que l'Article n'a aucune application à la Terre ou Baronie de Marboz.

Après avoir employé ce que l'on a cy-devant dit à ce fujet, l'on obfervera par furabondance & pour reduire le Prefidial, *ad metam non loqui* que pour pouvoir affujettir le Comté de Mont-Revel à la Jurifdiction du Juge Mage établi à Bourg, il auroit de neceffité fallu un Edit ou une Declaration expreffe par laquelle le Duc de Savoye auroit déclaré qu'il foumetoit la Juftice du Comté de Mont-Revel, & des Terres qui en dependent à la Jurifdiction de fon Juge Mage établi à Bourg, nonobftant les Lettres patentes de l'érection du Comté de Mont-Revel, aufquelles il dérogeoit expreffement.

Dans ces circonftances, la Juftice du Comté de Mont-Revel n'ayant jamais efté foumife à la Jurifdiction du Juge Mage, ayant au contraire le même Reffort que le Juge Mage, qui étoit le Tribunal des appellations de Breffe, il eft inconteftable que par la fupreffion de ce Tribunal, les appellations du Comté de Mont-Revel font demeurées dévoluës au Confeil établi par le Duc Amedé à Chambery.

On retranche icy le trait hiftorique du Prefidial touchant l'érection de la Breffe en Comté, par Loüis Duc de Savoye en 1460. & touchant l'établiment du prétendu Juge d'appel par Philippes de Savoye, pour connoître des appellations des Juges ordinaires.

Quoique le Préfidial n'ait ofé tirer aucune induction, & qu'il ait affecté de parler à mots couverts on veut bien néanmoins lui répondre.

1°. Qu'en parlant d'établiffement d'un Juge d'appel il fe contredit & fe dement lui-même puifqu'il a foûtenu avec tant d'opiniaftreté que les Juges d'appel tant du Prince que des Seigneurs hauts-Jufticiers furent fupprimez par l'Article 161. des Statuts de 1430. & que cette fuppreffion avoit toûjours fubfifté jufques à la réünion de la Breffe à la Couronne.

2°. Le Préfidial n'a ofé pouffer la temerité jufques à dire que le Juge d'appel, qu'il dit avoir efté établi par Philippes de Savoye, avoit la Jurifdiction fur le Comté de Mont-Revel ni fur d'autres Terres de Marque, & de dignitez, parce que la propofition feroit trop hardie, & qu'il feroit trop facile de la démentir.

3°. Pour déterminer le Reffort du Comté de Mont-Revel il ne faut, & on ne peut abfolument confiderer, que le temps de fon infeodation & de l'érection de cette Terre en Comté & non point un temps pofterieur comme 1460. *in contractibus tempus contractus infpicitur*, & c'eft ce qui fert de réponfe à l'autre fait articulé par le Préfidial qu'après la Paix de 1559. le Duc Emmanuel Pililibert rétablit un Juge Mage & un Juge d'appel à Bourg fous l'autorité du Senat que le Prince établit.

En effet si lors de l'infeodation du Comté de Mont-Revel & en vertu des Lettres patentes d'érection , les appellations du Juge d'appel de cette Terre étoient dévoluës comme on le foûtient , & que l'on vient de le prouver, à un Tribunal qui jugeoit en dernier Reffort ; on ne peut plus lui contefter le dernier Reffort, & par confequent inutile au Préfidial de venir articuler que le Duc Emmanuel Philibert rétablit un Juge Mage & un Juge d'appel à Bourg fous l'autorite du Senat à Chambery, un pareil établiffement d'un Juge d'appel à Bourg fous l'autorité du Senat, n'avoit point pû regarder le Comté de Mont-Revel , fon droit de Reffort étoit formé, & aquis ; *Lex, futuris, non præteritis dat formam negotiis.*

L'Auteur du Memoire du Préfidial dit enfuite que le confeil de M. le Comte de Mont-Revel a avancé fort hardiment que le Juge des appellations établi à Bourg étoit un Juge Souverain ; mais qu'il n'a pû appuyer le fait que l'on traitte didée vaine & fabuleufe, ni fur la tradition, ni fur aucuns Titres, ni fur l'autorité des Auteurs nationnaux qui nous affeurent que le Juge des appellations de Breffe, étoit un Juge inferieur foumis au Confeil du Prince.

Mais on demande au Préfidial, & à l'Auteur de fon Memoire qui font ces prétendus Auteurs nationnaux, qui nous affeurent que l'ancien Juge des appellations de Breffe étoit un Juge inferieur : D'où vient qu'il fe contente de dire qu'il y a des Auteurs qui qualifient cet ancien Juge d'inferieur , fans en indiquer aucun ; on le défie avec confiance de trouver aucun Auteur qui ait tenu un pareil langage.

M. Le Prefident Faure qui a efté fi long-temps Juge Mage de Breffe pendant la domination des Ducs de Savoye, & qui par cette raifon étoit mieux inftruit que qui que ce foit du droit & de l'ufage qui s'obfervoit ne dit point que l'ancien Juge des appellations de Breffe étoit un Juge inferieur , ni que les appellations des Juges d'appel des Terres de marque , & de dignitez fe relevoient pardevant un Juge inferieur établi dans la Province.

Il tient un langage tout oppofé ; car dans fa définition premiere livre 7. titre 15. il dit que les Vaffaux en vertu de leurs infeodations anciennes, ou nouvelles ont une Jurifdiction qui leur eft entierement propre, & qui eft totalement diftincte de la Juftice du Prince. *Habent enim apud nos Vaffalli ferè omnes Jurifdictionem propriam, á Jurifdictione Principis ex infeudationibus, aut antiquis, aut novis, penitùs diftinctam;* parce que par les infeodations , telles que font celles de la Maifon de la Baume Mont-Revel, le Prince a tranfmis tous fes droits, & toute fa Jurifdiction. Voilà la raifon pour laquelle M. le Prefident Faure a dit que les Vaffaux ; c'eft-à-dire les Seigneur des Terres de marque, & de dignitez dont les infeodations ne contenoient d'autre referve que la Souveraineté, avoient une Jurifdiction qui leur étoit entierement propre, & qui étoit totalement diftincte de la Juftice du Prince, & c'eft ce qui a encore engagé cet illuftre Magiftrat à dire dans la fuite du même titre qu'il n'y avoit que le Senat qui eût la Jurifdiction de Superiorité. *Solus Senatus habet Juridictionem Superioritatis contentiofam.*

En cet état il ne peut plus refter aucun doute que la Juftice du Comté de
Mont-Revel

Mont-Revel n'a jamais esté assujettie qu'à la Jurisdiction Souveraine du Prince.

Les Lettres Patentes d'Erection de cette Terre en Comté, ne pouvoient absolument point contenir la clause du Ressort au Senat de Chambery, puisque alors il n'y avoit point de Senat, qui n'a esté établi que plus de 130. années après.

Mais par ces Lettres patentes le Prince a déclaré en termes formels, & authentiques qu'il ne se reservoit que la Souveraineté, & le Souverain Ressort.

Le Présidial lui-même est forcé de convenir que le Prince ne s'est reservé que la Souveraineté, & la foy & hommage des Nobles de l'ancienne Baronie, il ne conteste que le dernier Ressort, mais c'est fort inutilement, parce que le Prince ayant déclaré qu'il ne se reservoit que la Souveraineté, & le Ressort ; cette reserve de la Souveraineté & du Ressort comprend necessairement, & uniquement le Souverain Ressort.

On ne répondra point au réproche puerile du Présidial, que dans le précedent Factum, on n'avoit pas entendu ce que signifioit une particule conjonctive, comme s'il falloit une grande érudition pour connoître une particule conjonctive.

On va seulement relever le raisonnement absurde que le Présidial a fait à cette occasion.

Il dit que l'on voit dans les termes dont il s'agit que le Prince unissant la reserve de la superiorité & du Ressort, separe parfaitement leur differente signification en s'exprimant ainsi : *Superioritateque, & Ressorto* ; sçavoir la Superiorité *à son Conseil suprême*, & le Ressort à son Juge des appellations de Bresse ; car suivant Loyseau la reserve du droit de Ressort est synonime avec le droit de simple appel aux Baillages Royaux.

1°. Le Présidial convient que les termes de Souveraineté & de Ressort sont unis ensemble. Pourquoy donc a-t'il dit un moment auparavant, que l'on n'avoit pas entendu ce que signifioit un particule conjonctive, lorsque l'on a avancé dans le précedent Factum que les termes de Souveraineté, & de Ressort étoient liez, & unis ensemble par une particule conjonctive.

2°. Ce que Loyseau pourroit avoir dit que la reserve du droit de Ressort est synonime avec le droit de simple appel aux Baillages Royaux, ne pourroit absolument trouver d'application que dans le cas d'une simple reserve du Ressort ; mais non pas dans le cas ou par l'infeodation d'une Terre, & d'une Justice, le Prince déclare qu'il ne se reserve que la Souveraineté, & le Ressort ; car alors le Ressort ne peut plus s'entendre que du Souverain Ressort, pour marque de la Souveraineté que le Prince s'est uniquement reservée.

3°. Le Présidial est lui-même forcé d'en convenir ; car en traduisant ces termes *Superioritateque, & Ressorto*, il est dans la necessité de dire que le Prince s'est reservé la Superiorité à son Conseil suprême.

Or si le Présidial est forcé de convenir que le Prince s'est reservé *la Superiorité à son Conseil suprême* nous n'avons plus de contestation, puisque c'est convenir que le Prince a soumis la Justice du Comté de Mont-Revel à son autorité Souveraine.

En vain le Présidial ajoûte-t'il que le Prince a reservé le Ressort à son

I

Jugé des appellations de Bresse *ad Judicem nostrum appellationum Bressiæ*, cela ne change rien à la reserve de la Superiorité *au Conseil suprême*, parce que ce Juge des appellations de Bresse jugeoit en dernier Ressort, & pour forcer le Présidial lui-même d'en convenir il n'y a qu'à rappeller l'état des choses avant, & lors de l'érection du Comté de Mont-Revel en 1427.

1°. Il n'y avoit point de Senat; le fait est constant entre les Parties, & par conséquent le Prince ne pouvoit pas par les Lettres d'érection du Comté de Mont-Revel, reserver le Ressort de la Justice de cette Terre au Senat.

2°. Il est pareillement constant qu'en 1427. il n'y avoit point de Conseil établi, & sedentaire à Chambery; on vient de le prouver.

3°. Il n'y avoit alors d'autre Jurisdiction Souveraine que le Conseil suprême du Prince.

4°. Comme le Conseil suprême du Prince, étoit ambulatoire; c'est-à-dire, qu'il suivoit par tout la personne du Prince, & que par cette raison ç'auroit esté molester les Sujets, & les ruiner s'ils avoient esté obligez de s'adresser au Conseil suprême, & le suivre quelque fois dans des affaires d'importance, pour avoir un Jugement souverain, tant sur l'appel des Sentences des Juges ordinaires du Prince, que sur celles des Juges des Seigneurs hauts-Justiciers.

Le Prince pour le bien, la commodité & l'utilité de ses Sujets, déleguoit & députoit des Conseillers de son Conseil, pour juger en dernier Ressort toutes les appellations.

Ce fait ne peut estre contesté, principalement pour ce qui regarde la Bresse, qui étoit la province, qui y avoit le plus d'interest, comme la plus éloignée, attendu le sejour presque continuel des Souverains de Savoye dans leurs païs d'Italie, & de Piedmont.

La preuve en est écrite dans les Lettres d'érection du Comté de Mont-Revel, où le Prince en parlant du Juge General des appellations de Bresse dit qu'il étoit par lui délegué, & député, *vel alium, seu alios, de nobis, & nostris deputandos.*

Or étant constant, & prouvé que le Prince déleguoit & députoit dans la Bresse un Juge General de toutes les apellations, impossible de le qualifier de Juge inferieur.

1°. Parce que ce Juge étoit Député par le Prince lui-même, & qu'il n'exerçoit que par commission, qui étoit émanée de l'autorité Souveraine, au lieu que tous les Juges inferieurs du Prince étoient perpetuels, & en titre d'Office.

2°. Parce que ce Juge étoit tiré du Conseil du Prince, ainsi que ces termes *de nobis, & nostris deputandos*, & que les fonctions de ce Juge délegué, qui étoit de juger toutes les appellations d'une province, le prouvent.

3°. Parce que ce Juge délegué avoit la Jurisdiction sur les propres Juges ordinaires du Prince.

4°. Il en faut revenir au motif de la délegation du Juge General des appellations de la Bresse, qui étoit uniquement le soulagement des Sujets, attendu qu'il n'y avoit point d'autre Jurisdiction souveraine que le Conseil suprême du Prince, lequel étant ambulatoire, & suivant par tout la personne du Prince, il auroit esté trop onereux aux Sujets de Bresse de recourir à ce Conseil suprême pour avoir un jugement souverain.

Enfin ce qui acheve d'établir que la Juſtice du Comté de Mont-Revel n'a jamais eſté aſſujettie qu'à la Juriſdiction Souveraine du Prince, eſt que depuis la ſuppreſſion du Tribunal des appellations de Breſſe faite par le Duc Amedé par l'Article 161. des Statuts de 1430. les appellations du Juge d'appel du Comté de Mont-Revel, ſont demeurées dévoluës au Conſeil Souverain, que le même Duc Amedé établit & rendit ſedentaire à Chambery par ces mêmes Statuts de 1430.

On ne craint point d'eſtre contredit en cette occaſion par le Préſidial, parce que pour pouvoir dire qu'après la ſuppreſſion du Tribunal des appellations de Breſſe, les appellations du Comté de Mont-Revel, n'ont pas eſté dévoluës au Conſeil Souverain de Chambery, il faudroit que le Préſidial ſuppoſât que les appellations du Comté de Mont-Revel, ont eſté dévoluës au Juge Mage établi à Bourg, & c'eſt ce qui ne ſçauroit abſolument point eſtre propoſé, l'infeodation du Comté de Mont-Revel y reſiſte trop formellement; le Prince n'ayant point aſſujetti la Juſtice de cette Terre à la Juriſdiction de ſon Juge ordinaire, qui avoit le même reſſort que la Juſtice de Mont-Revel, & par conſequent, le Tribunal des appellations de Breſſe étant ſupprimé il eſt inconteſtable que les appellations du Comté de Mont-Revel ont eſté neceſſairement & de plein droit dévoluës au Conſeil Souverain, établi par le Duc Amedé à Chambery, où elles ont toûjours eſté portées depuis 1430. & enſuite au Senat depuis ſa création pendant toute la domination de la Maiſon de Savoye.

On ne craint point encore d'eſtre contredit icy par le Préſidial, par la même raiſon que la Juſtice de Mont-Revel, par ſon infeodation n'a point eſté aſſujettie à la Juriſdiction du Juge du Prince dans la Breſſe, qu'outre cela depuis l'érection du Comté de Mont-Revel,& depuis la ſuppreſſion du Tribunal des appellations de Breſſe, il n'y a jamais eû d'Edit ni de Declaration du Souverain, pour aſſujettir la Juſtice du Comté de Mont-Revel à la Juriſdiction de ſon Juge ordinaire, dont cette Terre étoit affranchie par ſon infeodation, & c'eſt ce qui doit forcer le Préſidial de convenir malgré lui que par la ſuppreſſion du Tribunal des appellations de Breſſe, les appellations de la Juſtice de Mont-Revel, ont eſté neceſſairement dévoluës au Conſeil Souverain, établi & rendu ſedentaire à Chambery par le Duc Amedé, & enſuite au Senat depuis ſa création.

Auſſi défie-t'on avec une entiere confiance le Préſidial de rapporter aucune preuve, ni le moindre veſtige de preuve, que pendant toute la domination de la Maiſon de Savoye, le Juge du Prince établi à Bourg, ait jamais eû la moindre Juriſdiction ſur la Juſtice du Comté de Mont-Revel, & que les appellations de cette Juſtice y ayent jamais eſté portées depuis la ſuppreſſion du Juge General des appellations de Breſſe.

Pour confondre de plus en plus le Préſidial on rappelle icy de nouveau le témoignage de M. le Preſident Faure, qui a eſté long-temps Juge Mage, & qui atteſte d'une maniere ſi preciſe que la Juſtice du Prince dans la Breſſe n'a jamais eû aucune Juriſdiction ſur les Juſtice des Terres de Marque, & de Dignitez. *Habent enim apud nos Vaſſalli ferè omnes Juriſdictonem propriam, à Juriſdictione Principis, ex infeodationibus, aut antiquis, aut novis penitus diſtinctam.*

On rappellera encore icy de nouveau le procès-verbal de reduction des païs de Breſſe, & du Bugey à l'obiſſance de François I. en 1535. qui contient une preuve invincible que depuis l'établiſſement du Conſeil Souverain à Chambery les appellations du Comté de Mont-Revel y avoient toûjours eſté relevées, & s'y relevoient.

Dans le Chapitre concernant l'adminiſtration & exercice de la Juſtice de Breſſe il y a un Article portant en ces termes : *Et touchant les appellations des Juges d'appel des Comtez de Villars de Mont-Revel, & de Varax, reſſortiront ſans moyen en ladite Cour de Parlement à Dijon ; ſans qu'il y ait Reſſort deſdites appellations au Siége de Bourg, vû que par cy-devant n'y ſont reſſorties; mais étoient relevées à Chambery au lieu duquel Reſſort, auront les Sujets ladite Cour de Parlement à Dijon* *

* Preuves de Guichenon, pag. 47.

On employe auſſi les Lettres patentes obtenuës par Jean de la Baume des Rois François premier, & Henry ſecond, portant que les appellations des Juges d'appel du Comté Mont-Revel tant en matiere Civile que Criminelle, reſſortiroient au Parlement, lors établi à Chambery.

On ſe flatte de pouvoir rapporter dans la ſuite d'autres preuves que les appellations de la Juſtice du Comté de Mont-Revel, ont toûjours eſté relevées au Senat de Savoye depuis ſa création.

On finit cette partie par une obſervation ſommaire ſur le profond ſilence du Préſidial concernant le Reſſort du Marquiſat de Saint Martin ; c'eſt tout ce qu'il y a de judicieux de la part de l'Auteur du Memoire du Préſidial.

En effet les Lettres patentes de l'érection de cette Terre en Marquiſat contenant le Reſſort immediat au Senat de Savoye, l'Auteur du Memoire du Préſidial a parfaitement bien jugé que ce ſeroit vouloir perdre du temps s'il s'amuſoit à conteſter ce droit de Reſſort ſouverain, ainſi nulle conſtation ſur ce chef entre les parties.

SECOND MOYEN DU PRESIDIAL.

Il oppoſe que Henry le Grand ayant reüni la Breſſe à la Couronne en 1601. il ſupprima l'ancien Siége de Juſtice établi à Bourg, & y érigea un Préſidial, auquel il ordonna que toutes les appellations des Juſticiers ſubalternes y reſſortiroient, pour les juger ſuivant qu'il eſt accoûtumé de faire aux autres Préſidiaux, Baillages & Sénéchauſſées du Royaume, & à l'inſtar d'iceux, connoître, juger & decider de tous cas Royaux & des autres matieres & inſtance y apartenants.

RÉPONSES.

Le Préſidial n'a eſté érigé que pour rendre la Juſtice aux Sujets du Roy, ſes juſticiables ; & l'Edit de ſa création ne contient aucune dérogation, ni aux droits de Juſtice des Seigneurs hauts-Juſticiers, ni de qui que ce ſoit.

Pour impoſer ſilence au Préſidial, il n'y a qu'à lui rapporter l'Edit du mois de Novembre 1601. donné en interprétation de l'Edit de ſa création.

Par l'Edit du mois de Novembre 1601. tous les Siegneurs hauts-Juſticiers ont eſté conſervez maintenus & gardez dans tous leurs droits de juſtice en entier, ſans en excepter aucuns ; on employe les obſervations que l'on a fait à ce ſujet dans le précedent Factum page 22. où l'on a rapporté les

diſpoſitions

dispositions de cet Edit, qui n'attribuë au Préfidial le Reffort & la connoiffance des Juges d'apel des Seigneurs Hauts-justiciers, que dans les cas Pré-
fidiaux, & au premier chef de l'Edit feulement.

Ainfi la prétention du Préfidial de vouloir s'arroger le Reffort & la
connoiffance de toutes les appellations des Juges d'apel des Seigneurs
Hauts-justiciers indéfiniment, & dans tous les cas non-préfidiaux, eft une
contravention manifefte qui doit être reprimée.

C'eft ce qui fait évanoüir les plaintes douloureufes de l'Auteur, qui dit
que les Officiers du préfidial feroient des ferviteurs inutiles, s'ils ceffoient
d'entreprendre fur les Juftices des Seigneurs Hauts-justiciers ; parce que
avant la réünion de la Breffe à la Couronne, les Ducs de Savoye avoient
aliené tous leurs Domaines. De forte que les Seigneurs ont Juftice jufques
aux portes de la Ville de Bourg, ainfi que le prouvent les inféodations
de Bon-repos, Saint Etienne du Bois, Marboz, Foiffiat, Saint Martin,
& autres.

L'Auteur ne pouvoit pas expliquer d'une maniere plus diferte les in-
tentions de fa Compagnie, qui font de fe procurer aux dépens des Juftices Seigneuriales une plus grande foule d'affaires, & plus d'émolumens ;
Mais c'eft ce qui eft étroitement défendu par toutes les Ordonnances, &
fingulierement par l'Edit du mois de Novembre 1601 qui a maintenu tous
les Seigneurs Hauts justiciers dans tous leurs droits de Juftice, fans avoir
égard au prétendu inconvenient dont le préfidial fe plaint aujourd'hui, &
qu'il avoit auffi ópofé alors ; que les Seigneurs avoient Juftice jufques aux
portes de la Ville de Bourg.

Il faut donc que le préfidial execute cet Edit qui contient la volonté
du Souverain, & qui eft la Loi qui régle la nature des affaires dont il doit
prendre connoiffance, & dont il doit fe contenter ; puifqu'il n'a pas plû
au Souverain de lui en attribuer d'avantage, & d'étendre fa Jurifdiction
au de-là de fes anciennes bornes.

On ne juge pas à propos de relever les termes injurieux de l'Auteur du
Mémoire du préfidial contre les Officiers des Seigneurs, on voit affez le
motif qui le porte à déclamer contre les Juftices Seigneuriales.

R E P O N S E S.

Au troifiéme moyen du Préfidial, fondé fur l'Arreft du 24
Juillet 1615.

Cet Arreft ainfi que les autres furpris par le Préfidial, la plûpart fur
de fimples Requêtes non communiquées, n'a point efté rendu en connoiffance de caufe, puifque M. le Comte de Mont-Revel, ni aucuns des
autres Seigneurs hauts-Jufticiers n'avoient produit leurs Titres & les infeodations de leurs Juftices.

C'eft la raifon pour laquelle l'Arreft du 21 Octobre 1695 après avoir ordonné que l'Edit de création du Préfidial, l'Arreft du 24 Juillet 1615 &
& autres feroient executez felon leur forme & teneur porte. *Sauf aux Seigneurs à reprefenter les titres, en vertu defquels ils prétendent avoir des priviléges
particuliers ès mains de Meffieurs les Confeillers d'Etat nommés par cet Arreft,*

K

pour fur la reprefentation des Titres des Seigneurs leur être fait droit pour Sa Majefté, ainfi qu'il apartiendroit.

Cette referve faite en faveur des Seigneurs, de reprefenter leurs Titres pour leur être fait droit, anneantit donc la fauffe impreffion que le Préfidial s'efforce de repandre, que l'Arreft du 24 Juillet 1615 eft fans retour, puifque au contraire l'execution de cet Arreft, ainfi que des précedents furpris par le Préfidial, n'eft ordonnée que par provifion, en attendant la reprefentation des titres & des inféodations des Juftices aufquelles nos Roys n'ont jamais voulu donner la moindre atteinte, & c'eft le motif de cette multitude innombrable d'Ordonnances, qui défendent fi étroitement aux Juges Royaux d'entreprendre fur les Juftices des Seigneurs.

REPONSES.

Au troifiéme moyen du Préfidial, fondé fur fa prétenduë poffeffion.

Ce prétendu moyen s'évanoüit de lui-même, attendu la maxime inconteftable, que les droits de Jurifdiction font de leur nature imprefcriptibles, & ne peuvent s'acquerir par la poffeffion quelque longue qu'elle puiffe être. Il faut des Titres.

S'il s'agiffoit de quelques droits fujets à prefcription, le Préfidial ne pourroit pas oppofer une poffeffion, attendu les conteftations qui ont perpetuellement duré, & le feul Arreft de 1695 qui a refervé aux Seigneurs la faculté de reprefenter leurs titres, mettroit le Préfidial hors d'état de pouvoir oppofer une poffeffion.

Outre cela on veut bien inviter le Préfidial de fe rappeller toutes les Ordonnances qui lui défendent fi expreffément d'entreprendre fur les Juftices des Seigneurs, & de laiffer à châcun fingulierement fa Jurifdiction.

Le Préfidial regarde-t'il toutes ces Ordonnances qui font fi refpectables, comme des chimeres & des illufions ? Ne doit-il pas au contraire faire attention, qu'en oppofant une poffeffion, il oppofe lui-même fes contraventions, dont la continuation & la durée ne fert qu'à les rendre plus reprehenfibles.

TROISIEME QUESTION.

Concernant les Tutelles, Curatelles & Caufes des Nobles.

PREMIER MOYEN DU PRESIDIAL.

Ce prétendu moyen eft fondé fur l'art. 14 du liv. 2. des Statuts de 1430. & fur l'Ordonnance du Duc Emmanuel Philibert du 13 Février 1560.

REPONSES

Il ne faut pour diffiper le déplorable Syftême du Préfidial, que rappeller la difpofition litterale de l'art. 14 du Liv. 2. des Statuts de 1430, qu'il a la témérité d'oppofer, & à l'égard de l'Ordonnance de 1560, on démontrera de même par fa feule difpofition litterale, qu'elle n'introduit aucun privilege.

Le Duc Amedé ayant jugé à propos par fes Statuts de l'an 1430, d'établir un Confeil Souverain à Chambery, tant pour le foulagement & la commodité de fes Sujets, que pour débarraffer fon Confeil refident auprès de fa perfonne du foin des affaires privées qui retardoient, & embarraffoient l'expedition de celles de l'Etat.

Ce Prince dans l'art. 14 de fes Statuts veut & ordonne que fon Confeil, réfident auprès de fa Perfonne, ne puiffe retenir la connoiffance d'aucunes affaires civiles ou criminelles ; Mais il excepte;

1°. Les Caufes & affaires qui regarderont fon Domaine, & fon Fifc.

2°. Les Caufes & conteftations qui s'éleverent entre les Seigneurs hauts-Jufticiers, & la grande Nobleffe de fes Etats, *vel nifi fuerint Caufæ Baronum, Banneretorum, aut aliorum Potentum Nobilium, inter eos, vel contra eos exorta.*

Quoique le Prince n'ait uniquement compris dans fa difpofition que les Seigneurs hauts-Jufticiers, *Baronum Banneretorum,* & la grande Nobleffe defignée par ces termes qui lui font fi propres, *aut aliorum Potentum Nobilium.*

Néanmoins il plaît à l'Auteur du Mémoire du Préfidial de foûtenir, que ces derniers mots, *aut aliorum Potentum Nobilium,* comprennent tous les Gentilhommes fans diftinction, & confondoient ceux qui n'avoient point de Terres, avec les Seigneurs Hauts-jufticiers.

Comme cette propofition choque également la difpofition textuelle de la Loi, & le bon fens, l'Auteur n'a pû l'appuyer d'aucune raifon ; il a efté reduit à dire que la Nobleffe eft un ordre, ou une efpece de qualité fubftantive, pofitive, & qui ne reçoit point le plus ou le moins, qu'ainfi un Gentilhomme fans terre eft auffi bon Gentilhomme que fon frere, qui auroit par Teftament une Baronie.

Sans nous arrêter à des idées & à des termes, venons à la propofition de l'Auteur, que le Prince a compris dans fon exception tous les Gentilhommes fans diftinction par les termes, *aut aliorum Potentum Nobilium.*

Perfonne n'ignore & ne peut contefter qu'il y a plufieurs degrés de Nobleffe, & fans vouloir entreprendre une exacte divifion qui conduiroit trop loin, & qui feroit d'ailleurs inutile, on fe contentera de divifer icy la Nobleffe en deux efpeces ou degrez ; fçavoir la fimple Nobleffe & la haute Nobleffe.

La fimple Nobleffe eft celle qui n'eft accompagnée, & revétuë d'aucun autre degré d'honneur.

La haute-Nobleffe eft celle qui eft accompagnée, & honorée de dignités, comme grands emplois, grands Offices, ou grandes Seigneuries que nous appellons Fiefs de dignités, tels que font les Baronies Marquifats, Comtés, &c.

En paffant du profane au Sacré, un fimple Prêtre eft auffi-bien Prêtre que fon Evêque, mais il ne tient pas le même rang & le même degré, de même du fimple Gentilhomme qui eft auffi-bien Gentilhomme que le Baron, le Marquis, le Comte ; Mais ce n'eft plus la même claffe & le même degré.

Ainfi propofition abfurde, pour ne pas dire, ridicule (fauf refpect) d'ofer avancer comme fait l'Auteur du Mémoire du préfidial que ces termes *Baronum, Banneretorum, aut aliorum Potentum Nobilium*, Barons, Bannerets, & autres puiffants Nobles fe prennent collectivement pour le corps de tous les Gentilhommes, & que c'étoit même ainfi que l'on s'expliquoit en langage latin dans le 15ᵉ. fiécle, quand on vouloit parler du corps de la Nobleffe, autre abfurdité infigne.

En effet on demande à l'Auteur lui-même, fi dans le 15ᵉ. fiécle tout étoit confondu, & fi l'on n'admettoit aucune difference, ni aucune diftinction entre la grande & la fimple Nobleffe.

Si dans le 15ᵉ. fiécle également comme aujourd'huy, il y avoit differentes claffes & differents degrés dans l'ordre de la Nobleffe, il faut néceffairement tirer la confequence que ces termes *Barons, Bannerets, & autres puiffants-Nobles* ne comprenoient que la haute-Nobleffe, & n'avoient aucune application à la fimple Nobleffe.

C'eft trop s'arrêter à des abfurdités auffi étranges, qu'il eft honteux de repandre fous le nom d'un Préfidial, l'Auteur du Mémoire ne devoit pas ainfi compromettre l'honneur & la réputation de fa Compagnie.

Venons à la difpofition litterale des Statuts de 1430 qui prouvera mieux que tous les raifonnemens que le Prince n'a compris dans fón Edit, que la grande Nobleffe.

L'article 14 n'eft pas le feul où le Prince parle de l'attribution des caufes & conteftations concernant la grande Nobleffe de fes Etats ; car par cet Article le Prince ne fait qu'ordonner, que le Confeil refident auprès de fa perfonne pourra retenir les caufes & conteftations, qui regardent fon Fifc & fon Domaine, & celles qui regardent la grande Nobleffe.

Par l'article 37 le Prince donne pouvoir à fon Confeil réfident à Chambery, de connoître des Caufes & conteftations qui regardent fon Fifc & fon Domaine, de même que de celles qui regardent la grande Nobleffe de fes Etats, pourvû qu'elles ne foient pas introduites à fon Confeil refident auprès de fa perfonne.

Par cet article le Prince dans trois differentes difpofitions defigne la grande Nobleffe par des termes fi précis, & fi patétiques qu'il eft moralement impôffible de s'y méprendre, & de les appliquer à la fimple Nobleffe.

La premiere difpofition contient une attribution en termes géneraux des caufes & conteftations concernant la grande Nobleffe, *ac etiam Caufas, quæ inter Barones, Banneretos, aut alios Potentes Nobiles moverentur*.

La feconde comprend une attribution particuliere des délits, & des divifions, ou affaires d'honneur ; [Les termes font icy indifférents] de la grande Nobleffe, *Caufas quæ delictorum & exceffuum, feu divifionum, Magnatum, & Potentum Nobilium*.

La troifiéme contient l'attribution des plaintes qui feroient renduës contre la grande Nobleffe, *contra Banneretos & alios Nobiles Jurifdictionem habentes offerentur*.

Il n'eft pas befoin icy de Commentaire ; les termes de *Barons, Bannerets, de Grands, & de Puiffants, & de tous autres Nobles ayant Jurifdiction*, contiennent en eux-mêmes l'impoffibilité abfoluë de les appliquer aux fimples Gentilhommes, inutile d'en dire d'avantage.

On fera feulement icy deux obfervations fommaires.

La premiere eſt, que par les Statuts de 1430. le Duc Amedé ne deſigne la grande Nobleſſe, & les Seigneurs hauts-Juſticiers de ſes Etats, que par les ſeuls termes de *Barons Bannerets*; car alors, il n'y avoit dans tous les Etats de Savoye qu'un ſeul Comté, qui étoit le Comté de Mont-Revel.

La ſeconde eſt, que dans ces tems-là, la grande Nobleſſe étoit ſi jalouſe de ſon rang, & la qualité de Baron ſi éminente, qu'il paſſoit en proverbe *que nul ne devoit ſeoir à la table d'un Baron, s'il n'étoit Chevalier.* ＊

＊ Loyſeau.

En cet Etat, il faut qu'il demeure pour conſtant, que par les Articles 14. & 37. des Status de l'an 1430. le Duc Amedé n'a compris que les cauſes & conteſtations, concernant la grande Nobleſſe, & les Seigneurs hauts-Juſticiers de ſes Etats, & nullement des ſimples Gentilhommes, dont il n'a point parlé, ni entendu parler; & qui de tous les tems ont été juſticiables des Seigneurs dans le territoire deſquels ils faiſoient leur réſidence.

Quant à l'Ordonnance du 13. Fevrier 1560. on ſe contentera pour toutes réponſes aux fauſſes inductions que l'Auteur du Memoire du Preſidial, en a voulu tirer, de faire deux Obſervations.

La prèmiere eſt, que cette Ordonnance n'eſt introductive d'aucun droit ni d'aucun privilege; puiſqu'elle ne fait que renvoyer les cauſes & affaires qui avant 1560. & par les anciens Statuts, étoient commiſes au Conſeil, pardevant les Juges du Prince dans les Provinces.

La ſeconde eſt, que ſi cette Ordonnance introduiſoit quelque privilege en faveur de la Nobleſſe, elle ſe trouveroit ſans la moindre application aux ſimples Gentilhommes qui n'y ſont point compris; il n'y a qu'à lire.

Voici une autre idée de l'Auteur du Memoire du Preſidial, qui prétend que par le titre de l'érection du Comté de Mont-Revel, le Prince s'eſt reſervé les cauſes des Nobles qui pouroient reſider dans l'étenduë du territoire de ce Comté; & l'Auteur veut entreprendre de nous donner pour marque de cette reſerve également fauſſe & chimerique, la clauſe ſuivante, *ſub eiſdem tamen feudo, vaſſallagio, hommagioque, & fidelitate nobilibus, & ligiis, ſuperioritateque, & reſſorto.*

On a déja détruit cette pitoyable objection dans le précedent Factum, page 27. où l'on a démontré que le Prince par cette clauſe ne s'étoit reſervé autre choſe que le droit de ſouveraineté, l'hommage & la fidelité ſur les Nobles; on pouroit s'en tenir à ce que l'on a dit, & même il ſuffiroit d'employer uniquement la propre clauſe que l'Auteur a l'imprudance d'oppoſer, puiſqu'elle ne contient de la part du Prince aucune reſerve ni aucun veſtige de reſerve de la moindre Juriſdiction ſur les Nobles.

Mais comme, ſuivant ce brocard de Palais, en Cour Souveraine il faut défendre à toutes fins, c'eſt-à-dire aux mauvaiſes demandes comme aux plus juſtes, & répondre aux objections les plus frivoles, comme aux plus ſolides; on veut bien relever ici deux raiſonnemens de l'Auteur.

Le premier conſiſte à dire, que ces termes, *fidelitate nobilibus, & ligiis,* ne ſignifient pas la fidelité ſur les Nobles, parce que pluſieurs ſubſtantifs rangez ſous le même cas, doivent avoir chacun leur ſignification; que ſi le Prince avoit voulu lier les deux ſubſtantifs, *fidelitate nobilibus,* pour ne leur donner qu'un ſeul ſens: il auroit mis le ſecond ſubſtantif au genitif,

L

fidelitate nobilium, la fidelité des Nobles ; mais que les ayant tous mis à l'ablatif, chaque nom défigne une fubftance qui doit avoir l'effet de fa proprieté ; & qu'ainfi le Prince s'étant refervé les Nobles dans l'érection du Comté de Mont-Revel, fon Juge ne peut connoiftre de leur caufes.

Que quand même il y auroit dans cette infeodation, *fidelitate nobilium,* la referve de la fidelité fur les Nobles, comprend non feulement leurs Fiefs & leurs perfonnes ; mais encore leurs acceffoires, qui font leurs caufes, leurs tutelles & curatelles.

On commence par retrancher la queftion du Subftantif, du Genitif & de l'Ablatif, que l'on laiffe aux Ecoliers : il s'agit ici d'examiner les principes en matiere de Fiefs.

Lorfque dans l'infeodation d'une Juftice, & d'un territoire, le Souverain fe referve les Fiefs, l'hommage, le Vaffelage, la fidelité ; & les Nobles au lieu de dire la fidelité fur les Nobles, pour contenter l'Auteur : quel effet produit cette referve ? Le voici en peu de mots : le Prince refte le Seigneur direct des Fiefs, ou ce qui eft la même chofe, les Fiefs reftent dans la mouvance primitive du Prince, & les Nobles font tenus de lui porter directement la foi & hommage, au lieu de la porter au Seigneur haut Jufticier : voilà ce que fignifie une pareille referve, & l'effet qu'elle produit.

Comme l'Auteur ne paroît avoir aucune teinture des premiers élemens, il faut lui apprendre que les termes de foi, hommage, vaffelage & fidelité, font tous fynonimes, fignifient la même chofe, & aboutiffent à une même fin.

En effet, la foi fignifie le ferment de fidelité que le Vaffal fait à fon Seigneur, par lequel il lui promet de le fervir en toutes occafions ; & l'hommage eft la foumiffion avec laquelle il lui fait ce ferment : *hommagium eft veneratio, quàm Vaffallus feniori propter Beneficium acceptum tribuit ; cùm fe eo nomine, in hominem, & clientem ipfius fore profitetur.* * Et fuivant Me Charles Dumoulin, fur l'Article premier de la Coûtume de Paris, *hommagium ratione feudi nihil aliud eft, quàm fponfio fidelitatis,* & par confequent, que l'on interprete ces termes : *fidelitate, nobilibus, & ligiis.* En difant que le Prince s'eft refervé la fidelité fur les Nobles, ou la fidelité des Nobles, ou qu'il s'eft refervé les Nobles ; tout cela eft fynonime, fignifie la même chofe, & opere le même effet ; qui eft, que les Nobles feront tenus de porter directement la foi & hommage au Prince, & lui prêter ferment de fidelité, & c'eft ce qui eft encore défigné particulierement dans les Lettres d'Erection du Comté de Mont-Revel, par le terme, *ligiis* : parce que la premiere condition & la premiere charge du *Lige,* eft la preftation du ferment de fidelité fur les Evangiles.

* Hotoman
Chap. 21. de
Feudis.

Ainfi la claufe de referve inferée dans les Lettres Patentes de l'érection du Comté de Mont-Revel, en ces termes : *fub eifdem tamen fidelitate, nobilibus & ligiis,* ne fignifie autre chofe, fi ce n'eft que les Fiefs qui fe trouveront dans le territoire de l'ancienne Baronie de Mont-Revel, ne releveront point du Comté de Mont-Revel, mais refteront dans la mouvance primitive du Prince ; & que les Nobles ayant leur refidence dans ce territoire, ne porteront pas la foi & hommage aux Comtes de Mont-Revel, mais directement au Souverain.

On dit du territoire de l'ancienne Baronie de Mont-Revel, parce que les infeodations des autres terres de Foiſſiat Marboz & autres, comprennent les Fiefs, arriere-Fiefs, hommages, fidelitez, *feudis, retro feudis, hommagiis, fidelitatibus, &c.*

Mais de vouloir dire, comme l'Auteur du Memoire du Preſidial, a l'imprudence de faire que la reſerve de la fidelité des Nobles comprend non ſeulement leurs Fiefs, & leurs perſonnes ; mais encore les acceſſoires, qui ſont leurs cauſes, leurs tutelles & curatelles ; c'eſt la plus grande de toutes les abſurditez, & la plus inſigne de tous les erreurs que l'on peut appeller une *hereſie* énorme en matiere de Fiefs.

En effet, perſonne juſqu'à preſent ne s'eſt encore aviſé de dire que la Juſtice eſt un acceſſoire, ſoit du Fief, ſoit de la perſonne, une ſi étrange nouveauté étoit reſervée à l'Auteur du Memoire du Preſidial, qui auroit dû apprendre que l'on ne confond point le Fief avec la Juſtice ; & que ce ſont deux choſes ſi diſtinctes & ſéparées, qu'elles n'ont abſolument aucun rapport enſemble ; & c'eſt d'où eſt venuë cette fameuſe maxime ſi inconteſtable, ſi univerſellement connuë, & qui ne peut être ignorée de qui que ce ſoit, que de l'Auteur du Memoire du Preſidial ; *que Fief & Juſtice, n'ont rien de commun enſemble* ; enſorte que tel eſt Seigneur de Fief qui n'eſt point Seigneur Juſticier, *& vice verſa*, tel eſt Seigneur Juſticier, qui n'eſt point Seigneur de Fief.

Le Fief eſt attaché à la *Glebe*, & la Juſtice eſt un droit incorporel qui s'exerce univerſellement ſur tout le territoire, & ſur ceux qui l'habitent.

Ainſi la reſerve faite par l'infeodation & conceſſion de la Juſtice, & du territoire où elle doit eſtre exercée, *des Fiefs, des Nobles de l'hommage, vaſſelage, fidelité,* n'a aucun raport au droit de Juſtice, cette reſerve ne regarde que la mouvance primitive des Fiefs qu'elle conſerve au Prince, & la foy & hommage des Nobles, & la preſtation de ſerment de fidelité, le Prince reſte Seigneur direct, & Suzerain des Fiefs enclavez dans le territoire de la Juſtice, mais il n'eſt plus Seigneur Juſticier, & il ne lui reſte plus aucune Juſtice primitive dans toute l'étenduë du territoire, mais ſeulement le droit de Reſſort par la reſerve duquel la Juſtice retourne au Souverain, comme à la ſource dont elle eſt ſortie.

Comme par les infeodations des Baronnies de Marboz, Foiſſiat, & autres, le Prince a nommément compris & cedé tous les Fiefs, arriere-Fiefs, les foy, hommages, vaſſelages, fidelités des Nobles, &c. Et que le Prince a tranſmis ſon droit de Juriſdicton generalement ſur toutes ſortes de perſonnes Nobles, non-Nobles, *Nobilibus, non-Nobilibus, &c.*

L'Auteur du Mémoire du Préſidial s'eſt aviſé de dire, que les droits portés par ces inféodations, qu'il qualifie de droits extraordinaires ont eſté éteints, & abrogez par l'érection poſterieurement faite de la Baronie de Mont-Revel en Comté, par laquelle le Prince par la clauſe dont on a parlé, ſe retient tant ſur la Baronie de Mont-Revel, que ſur les terres qui ſont annexées, qui ſont Marboz, Foiſſiat, & autres la foi, la fidelité & les Nobles, & cet habile Auteur croyant de rendre ſes abſurdités plus ſupportables, s'eſt aviſé d'ajoûter à la clauſe en queſtion, les noms de Marboz, & de Foiſſiat, qui n'y ſont certainement pas écrits, de même que de comprendre le mot *retinemus* qui ne fait point partie de cette clauſe ; mais de celle par laquelle le Prince déclare qu'il érigeoit la Terre en Comté.

Quoique l'addition de l'Auteur ne puiſſe lui être d'aucun ſecour, on Juge à propos de la retrancher, & de rapporter la clauſe de reſerve telle quelle eſt écrite, parcequ'il faut toûjours rapporter, & citer avec fidelité : *Sub eiſdem tamen feudo, Vaſſallagio, hommagioque, & fidelitate nobilibus, & ligiis, ſuperioritateque, & Reſſorto, ac conditionibus & cæteris aſſtrictionibus, ad quas, & quæ pro ipſa Baronia Montis-Revelli, & aliis annexis, & annectendis nobis per prius tenebatur, quibus per aliqua præmiſſorum non intendimus derogare.*

Voilà la clauſe par laquelle l'Auteur dit, que les droits accordés par les inféodations des Baronies de Marboz & de Foiſſiat, ont eſté éteints & abrogés par l'érection de la Baronie de Mont-Revel en Comté.

On pourroit ſe diſpenſer de repondre à une propoſition auſſi étrange ; parceque la ſeule lecture de la clauſe ſur laquelle on a la temerité de la fonder la fait évanoüir.

Mais on veut bien faire icy quelques réflexions ſommaires.

1°. N'eſt-il pas abſurde de dire & de penſer, que dans le temps que Amedé Ier. Duc de Savoye s'efforce de donner à Jean de la Baume des marques également glorieuſes, & dignes d'un grand Prince de l'eſtime qu'il lui portoit, & de la reconnoiſſance des importants ſervices qu'il avoit reçû de lui, & que la Maiſon de la Baume Mont-Revel avoit rendu à la Maiſon Royale de Savoye. Ce Prince ſi reconnoiſſant en conferant un titre & une dignité qui étoit la premiere de ſes Etats, a voulu priver & dépoüiller l'Illuſtre Jean de la Baume, & toute ſa poſtérité d'une partie conſiderable des droits réels, & honorifiques portés dans les inféodations de ſes Prédeceſſeurs, en faveur de la Maiſon de la Baume Mont-Revel, la propoſition (on peut le dire ſans rien riſquer) eſt également ridicule en elle-même & injurieuſe à la mémoire du Duc Amedé, & pour couvrir l'Auteur de confuſion, on eſt contraint de lui demander, ſi par l'érection de la Baronie de Mont-Revel en Comté, le Duc Amedé avoit pour objet de faire une échange de la dignité ſublime qu'il conferoit avec des droits réels que ſes Prédeceſſeurs avoient accordé.

2°. Le Prince n'auroit même pas pû donner atteinte à aucuns des droits réels & honorifiques portés dans les infeodations des Baronies de Marboz, & de Foiſſiat ; parceque ces infeodations ſont faites à titre de Donations entre vifs perpetuelles, & irrevocables. *Domino Guillelmo de Balma & ſuis hæredibus, ſucceſſoribus utriuſque ſexus, in perpetuum, tanquam bene merito, titulo donationis puræ perfectæ, perpetuæ, validæ, & irrevocabilis quæ dicitur inter vivos, &c.*

3°. Il auroit tout au moins fallu que le Duc Amedé par l'érection de la Baronie de Mont-Revel en Comté, eût déclaré en termes précis qu'il revoquoit tels & tels droits, comme les Fiefs & les arriere-Fiefs compris dans les infeodations des Baronies de Marboz & de Foiſſiat de 1355 & de 1359 ; & c'eſt ce que le Prince n'a pas dit, ne pouvoit pas faire, & n'avoit pas intention de faire.

4°. Ce Prince en érigeant la Baronie de Mont-Revel en Comté y a uni, annexé & incorporé les Seigneuries de Marboz, Foiſſiat, Labbergement, & autres, & comme toutes ces Terres avoient la haute, moyenne, &

baſſe

baſſe Juſtice , qu'il y avoit dans chacune un Juge & des Officiers , & dans la
plûpart des Juges d'apel, le Prince en uniſſant toutes ces Seigneuries à l'ancienne Baronie, attendu ſon érection en Comté, a transferé; c'eſt-à-dire ,
réüni toute la Juriſdiction des differentes Seigneuries dans un ſeul & même
corps, pour être exexercée dans un ſeul & même lieu , par un ſeul Juge
ordinaire , & un ſeul Juge d'apel, pour l'univerſalité du Comté; & c'eſt à
cette occaſion qu'il déclare que l'union de toutes ces Seigneuries , & l'érection de la Baronie en Comté , eſt faite ſous les mêmes reſerves des fiefs ,
hommages , vaſſelage , fidelité des Nobles , & liges , Souveraineté , &
Reſſort , & autres conditions , & reſtrictions dont Jean de la Baume étoit
tenu pour la Baronie de Mont-Revel , & pour les autres Terres annexées
à ladite Baronie érigée en Comté , & qui pourroient y être annexées dans
la ſuite, auſquelles clauſes, charges , conditions , & reſtrictions le Prince
déclare qu'il n'a point entendu déroger , & par conſequent le Prince n'é-
teint , & n'abroge aucuns droits, il déclare tout au contraire qu'il laiſſe
les précedentes infeodations dans le même état ſans y rien changer. Ainſi
lorſque l'Auteur voudra parler de reſerve , & de reſtrictions , il faudra
qu'il aille conſulter les inféodations.

Enfin , il y a d'autant plus d'indiſcretion & d'imprudence dans la propoſition de l'Auteur qu'en ſuppoſant contre verité avec lui, & en raiſonnant
auſſi mal que lui, que le Prince par l'érection de la Baronie de Mont-Revel
en Comté s'étoit reſervé ſur les Terres de Marboz, & de Foiſſiat, la foi,
la fidelité , & les Nobles, quoiqu'il n'en ſoit fait aucune mention, pas
même des noms de Marboz & de Foiſſiat, & que d'ailleurs le Prince ne
pouvoit pas ſe reſerver des droits qui ne lui appartenoient pas. C'eſt que
tout cela ne conduiroit à rien, parceque ſuivant qu'on vient de le démontrer , la reſerve de la foi & hommage du vaſſelage de la fidelité, des Nobles, & des Fiefs & arriere-Fiefs, n'a aucun trait à la Juſtice.

Comme l'Auteur s'eſt infiniment méfié du ſuccès de ſes abſurdités , il
a jugé à propos d'appeller à ſon ſecours une opinion tout-à-fait ſinguliere
de M. le Preſident Faure, à qui dans la chaleur du travail, il prend fan-
taiſie de ſe faire une queſtion à lui-même , & de ſe demander ſi dans le
cas où le Prince auroit accordé à un Noble , toute la Juriſdiction qui
lui appartenoit dans un territoire, le Noble reſident dans ce territoire
ſe trouveroit compris, & ſoumis par ſa reſidence à la Juriſdiction du
Seigneur Juſticier, & M. Faure répond qu'il faudroit excepter de la conceſſion univerſelle de la Juſtice faite par le Prince, ſans rien ſpecifier, les
Nobles.

1°. Une ſemblable opinion , qui en elle-même n'a aucune autorité,
puiſque ce n'eſt que le ſentiment d'un auteur , eſt icy ſans application;
parceque dans les inféodations faites à la Maiſon de la Baume Mont-Revel,
le Prince a tranſmis ſa Juriſdiction ſur toutes ſortes de perſonnes, Nobles
& non-Nobles, *Nobilibus non-Nobilibus*, & par conſequent nous ne ſom-
mes point dans le cas dont parle M. Faure.

2°. L'opinion de M. Faure eſt abſolument erronée, & contraire aux
principes les plus ſacrés en matiere de droits de Juſtice, & ſans vouloir
diminuer en rien l'eſtime & la veneration que l'on doit avoir pour ce Ma-

M

giftrat, & pour fes ouvrages. Cette erreur n'eft pas la feule dans laquelle il foit tombé. Les Sçavants difent que M. Faure l'a emporté pour la fubtilité fur les plus celebres Jurifconfultes ; mais qu'il eft infiniment plus fautif.

3°. Une premiere preuve de l'erreur de M. Faure fe tire d'abord de la raifon, même fur laquelle il a fondé fon exception qui confifte à dire, *ne pari in parem data Jurifdictio videatur*, afin que le femblable n'aye pas Jurifdiction fur fon femblable. Cette raïfon eft abfolument mauvaife, & fans s'étendre en raifonnement pour prouver le vice d'une propofition que les premiers principes reprouvent. On fe contentera d'apporter un exemple qui détruit la raifon de l'égalité, fur laquelle fe fonde M. Faure.

Le Vaffal Noble ne peut s'exempter de faire la foi & hommage au Seigneur dominant, quoique Roturier ; Autrement il faut que le Vaffal Noble quitte le Fief ; parceque on n'a pas égard aux perfonnes ; mais à la nature, & à la qualité de la chofe & du droit.

Une feconde preuve de l'erreur de M Faure, fe tire encore de l'extention qu'il donne à fon exception, en difant que non-feulement la perfonne du Noble doit être cenfée affranchie de la Jurifdiction accordée par le Prince à un autre Noble dans un territoire ; mais qu'il faudra aufli excepter les Châteaux du Noble, tous fes Edifices, & leurs dépendances, & tous fes Domeftiques. Ce qui eft une propofition de fa nature infoûtenable, & que par cette raifon, on n'entreprendra point de combattre.

Enfin il en faut venir au Droit commun & public de tout le Royaume, qui eft que de tout temps les Nobles ont efté Jufticiables des Seigneurs Jufticiers, dans le territoire defquels ils font leur réfidence, fans qu'il foit befoin que par l'infeodation de la Juftice, le Souverain ait exprimé en termes directs, qu'il transmettoit aufli fa Jurifdiction fur les Nobles du Territoire.

En effet, dès-que le Souverain a tranfmis & accordé la Juftice primitive qu'il avoit dans un Territoire, tous ceux qui l'habitent deviennent jufticiables du Seigneur, comme ils l'étoient du Prince, auparavant la conceffion par lui faite de fa Juftice primitive.

Comme la Nobleffe ne tire pas fa fource dela Loi de nature, qui avoit rendu tous les hommes égaux ; mais du Droit pofitif, de même les honneurs, prérogatives, privileges, & prééminences dont elle joüit, lui viennent du Droit pofitif ; c'eft-à-dire du Souverain, qui eft le maître & la fource des honneurs, dignités, & privileges.

Or c'eft au Préfidial à nous inftruire, fi parmy les honneurs, privileges, exemptions, prééminences, & prérogatives accordées à la Nobleffe, le privilege de ne pouvoir par les Nobles être affujettis à la Jurifdiction du Seigneur haut-Jufticier, dans le territoire duquel ils font leur refidence, y eft compris.

Il eft conftant que jamais les Souverains de Savoye n'ont affranchi, ni entendu affranchir les Nobles de la Jurifdiction des Seigneurs, dans le territoire defquels ils ont leur refidence. On voit au contraire par les infeodations anciennes & nouvelles, que ces Souverains en tranfmettant leur Jurifdiction primitive, ont déclaré qu'ils la tranfmettoient fur les

Nobles, comme fur les non-Nobles, comme les infeodations des Baronies de Foiſſiat & de Marboz de 1355, & 1359, l'infeodation de la Seigneurie de Saint Martin de 1455, l'érection de la Terre de Varax en Comté de 1460, l'infeodation de la Terre de Pont-de-Vaux de 1521, l'érection du Comté de Saint Trivier de 1575, l'infeodation des Seigneuries du Pont-Dains, de Treffort, Ceyſeriat & Jaſſeron de 1586, & autres infeodations en ſont des témoignages autentiques & inconteſtables, & par conſequent retranchons cette fauſſe idée que le Préſidial voudroit repandre du privilege chimerique, qu'il ſuppoſe avoir eſté accordé par les Souverains de Savoye aux ſimples Gentilhommes, de n'être point aſſujettis à la Juſtice des Seigneurs, dans le territoire deſquels ils ſont leur reſidence; puiſque le contraire eſt litteralement prouvé par des Actes publics & autentiques, & que l'on a ſi bien démontré, que les Statuts de 1430, non-plus que l'Ordonnance de 1560 du Duc Emmanuel Philibert, qui d'ailleurs n'eſt relative qu'aux Statuts de 1430 n'ont aucune application aux ſimples Gentilhommes.

Enfin, les Roys de France n'ayant jamais, ainſi que le Preſidial eſt lui-même forcé d'en convenir par aucune Ordonnance, Edit ou Declaration, affranchi les Gentilhommes de la Juriſdiction des Seigneurs; & au contraire, le Roy François premier ayant par ſa Declaration donnée à Compiegne le 24 Fevrier 1536. déclaré que par ſon Edit de la même année, appellé l'Edit de Cremieux, il n'avoit point entendu préjudicier aux Juſtices des Seigneurs; & qu'il vouloit & entendoit au contraire qu'ils exerçaſſent & fiſſent exercer leurs Juſtices entre toutes ſortes de perſonnes *Nobles & plebées*: n'eſt on pas en droit? & forcé de dire qu'il y a un veritable aveuglement dans la prétention du Préſidial, de vouloir injuſtement dépouiller les Seigneurs hauts-Juſticiers de la connoiſſance des cauſes des Nobles, qui leur eſt ſi formellement attribuée par leurs infeodations, & par le droit public du Royaume.

R É P O N S E S.

Au Second moyen du Preſidial, fondé ſur la Iuriſprudence chimerique des Arreſts qu'il oppoſe.

Voici une Juriſprudence tout-à-fait nouvelle & ſinguliere. Le Preſidial a ſurpris trois Arreſts, qui ſont ceux en execution deſquels nous conteſtons aujourd'hui; ſçavoir, les Arreſts de 1612. 1615. & 1695. & il les oppoſe comme ayant introduit une Juriſprudence en ſa faveur.

Dans tout autre cas on ſe contenteroit d'oppoſer contre l'uſage que le Preſidial voudroit faire de ces Arreſts la maxime judicieuſe de droit, *Legibus non exemplis judicandum.*

Mais pour faire évanouir la fauſſe Juriſprudence du Preſidial, & pour lui impoſer ſilence, il ſuffit de lui oppoſer le propre Arreſt du Conſeil du 21. Octobre 1695. par lequel Sa Majeſté en ordonnant l'execution des précedens Arreſts, pour faire entendre au Preſidial que ces Arreſts ne faiſoient que lui adjuger la proviſion; qu'il n'y avoit rien de ſtatué diffinitivement, & que Sa Majeſté n'avoit point entendu & n'entendoit point en façon quelconque, priver les Seigneurs hauts-Justiciers d'aucuns des droits de Justice, Privileges & Prérogatives à eux accordez par leurs infeodations. Sa Majesté par le même Arrest de 1695. reserve aux Seigneurs hauts-Justiciers la faculté de représenter leurs Titres pardevant les Conseillers d'Etat, nommez Commissaires pour l'execution dudit Arrest, afin que sur la répresentation des Titres & des infeodations, on pût connoître les droits de Justice d'un chacun, & les maintenir ainsi qu'il appartiendroit.

C'est en execution de cet Arrest que nous contestons aujourd'hui, & que Monseigneur le Garde des Sceaux, après le rapport & le procès verbal de Monsieur l'Intendant fait & rapporté au Conseil, nommera des Commissaires à la place de ceux qui avoient esté nommez par ledit Arrest, & qui sont tous morts : ainsi il s'agit aujourd'hui de statuer sur les Titres, & d'examiner quels sont les droits de Justice portez dans les infeodations, ausquels nos Rois n'ont jamais voulu ni entendu donner atteinte ; ayant au contraire fait tant d'Ordonnances pour les conserver, & pour reprimer les entreprises de leurs Juges & Officiers sur les Justices des Seigneurs.

Au surplus, l'Auteur du Memoire du Presidial a manqué ici de reflexion, puisqu'il nous oppose un Arrest qui a débouté le Presidial de la connoissance des causes des Nobles.

En effet, on a déja observé qu'au commencement de l'année 1612. le Presidial, sous la conduite du sieur Granet qui en étoit lors le Chef, ayant formé le dessein de dépouiller les Seigneurs hauts-Justiciers des droits les plus éminens & les plus incontestables de leurs Justices, presenta sa Requeste au Parlement de Dijon, par laquelle entre autre choses, il conclud à ce qu'il plût à ladite Cour ordonner que les Officiers du Bailliage & du Presidial connoistroient en premiere instance des *causes des Nobles, des Dations de Tutelles & Curatelles desdits Nobles, & de la confection des inventaires des biens par eux delaissez, à l'exclusion des Juges des Seigneurs, ausquels il seroit fait défenses d'en prendre connoissance,*

Par l'Arrest qui intervint sur cette Requeste non communiquée, le 14 Avril 1612. il fut ordonné que les Officiers du Bailliage de Bourg connoistroient en premiere instance *des Dations de Tutelles, Curatelles des Nobles, & de la confection des inventaires des biens par eux delaissez seulement ;* ensorte que par cet Arrest, que Messieurs les Officiers du Presidial ; pour lui donner plus de poids, disent avoir été rendu les Chambres assemblées, ils furent déboutez *formâ negandi,* de la connoissance des causes des Nobles qu'ils avoient demandé leur être attribuée, à l'exclusion des Juges des Seigneurs ; ce que le Parlement leur refusa.

Ainsi, Messieurs les Officiers du Presidial veulent bien que l'on leur oppose cet Arrest qu'ils qualifient de Reglement, & par lequel ils se sont eux-mêmes solemnellement fait débouter de la connoissance des causes des Nobles. *Patere Legem, quam ipse tuleris.*

Aux termes de cet Arrest, il ne reste plus à marchander que sur les dations de Tutelles & Curatelles des Nobles, & sur les confections des inventaires des biens par eux délaissez ; ce qui ne peut jamais former la

matiere

matiere d'une conteftation raifonnable ; parce que les Nobles étant affujettis à la Jurifdiction des Seigneurs hauts-Jufticiers, les Dations de Tutelles & Curatelles des Nobles, & les confections des inventaires des biens par eux delaiffez, doivent fans contredit appartenir aux Seigneurs hauts-Jufticiers ; puifque ce ne font que de fimples acceffoires qui fuivent neceffairement la condition, & le fort du principal qui eft la perfonne.

On retranche du Memoire du Prefidial le témoignage du fieur Granet, que le Prefidial dit rapporter page 34. de fon Livre des prétendus Arrefts contre les Seigneurs de la Baume & les Comtes de faint Trivier, de l'année 1605. & d'autres, prétendus rendus à Chambery en 1572. parce que le fieur Granet eft un prétendu Auteur, auquel on ne fçauroit ajoûter aucune foi, non plus qu'à l'Auteur du Memoire du Prefidial, que les Livres & les Papiers à la main ; & d'ailleurs il y a de l'imprudence à faire paroiftre le nom du fieur Granet dans la caufe, tandis qu'il eft conftant qu'il eft le perturbateur du repos de la Province, & la mauvaife fource de toutes les entreprifes faites jufqu'à prefent fur la Juftice des Seigneurs.

Comme la matiere vient d'être ci-devant épuifée ; on finira cette partie par deux obfervations.

La premiere eft, que l'on convient avec l'Auteur du Memoire du Prefidial, que les Seigneurs de Breffe ne peuvent pas pretendre plus de droit qu'ils en avoient fous la domination de Savoye ; & qu'ainfi la queftion fe réduit au point unique de fçavoir, fi fous les Ducs de Savoye les Nobles étoient jufticiables des Seigneurs hauts-Jufticiers, ou non.

L'affirmative n'eft fucceptible d'aucun doute ; puifque d'un côté par les infeodations anciennes & nouvelles, les Nobles ont été précifement affujettis à la Jurifdiction des Seigneurs ; & que d'un autre côté, il eft conftant qu'il n'y a jamais eû Loix, ni Statuts, ni Edit, ni Ordonnance d'aucuns Souverains de Savoye, qui ayent affranchi les Nobles de la Jurifdiction des Seigneurs hauts-Jufticiers, dans le territoire defquels ils faifoient leurs refidences.

Ainfi les Seigneurs de la Province ne demandent pas d'autres droits que ceux qui leur ont été accordez par les Ducs de Savoye, & dont ils ont paifiblement joui fous leur domination : ils fe croiront fort heureux, fi avec d'auffi mauvais voifins ils parviennent à conferver ce qui leur appartient.

La feconde Obfervation eft, que lors de la réunion de la Breffe à la Couronne ; & fort long-tems après, les Seigneurs ont paifiblement joui de la connnoiffance des caufes des Nobles. Et la preuve inconteftable en refulte du propre Arreft furpris par le Prefidial du Parlement de Dijon, fur leur fimple Requefte le 14. Avril 1612. par laquelle Requefte ces Officiers avoient conclu, qu'il plût au Parlement d'ordonner qu'ils connoiffroient des caufes des Nobles, à l'exclufion des Juges des Seigneurs, aufquels il feroit fait défenfes d'en prendre connoiffance ; ce qui démontre donc d'une maniere auffi évidente que le jour, que les Seigneurs connoiffoient des caufes des Nobles, puifque les Officiers du Baillage & du Prefidial demandoient qu'il plût au Parlement faire défenfes aux Juges des Seigneurs d'en connoiftre, & de leur en attribuer la connoiffance en premiere inftance, ce que le Parlement leur refufa.

On ajoute ici que fi pofterieurement à l'Arreft du 14. Avril 1612. les Officiers du Bailliage & du Prefidial ont connu des caufes des Nobles, ce n'a été que fuivant les occurrences ; c'eft-à-dire fuivant qu'ils trouvoient dans les Juftices des Officiers, plus ou moins vigilans, & en état de s'op-pofer aux entreprifes ; & lorfqu'il fe trouvoit dans des Juftices des Offi-ciers affez fermes & experimentez pour deffendre leurs Droits, ils cef-foient de les troubler ; enforte que la pratique de la Nobleffe a été divifée entre la Juftice Royale & la Juftice Seigneuriale, alternativement ; & cette pratique dépendoit de la vigilance & de l'habilité des Officiers, ou de la Juftice Royale, ou de la Juftice Seigneuriale ; & pour trancher en un mot l'hiftoire de cette pratique entre les Juges Royaux & les Juges des Seigneurs ; il fuffit de dire, *qui prior erat in curfu, potior erat in premio.*

D'une multitude d'exemples que l'on pourroit rapporter de la poffeffion des Juges des Seigneurs, on fe contentera d'en rapporter un feul, parce que c'eft l'affaire la plus intereffante, & la plus éclatante qui fe foit prefentée depuis la réünion de la Breffe à la Couronne.

Le fieur Maurice de Beyfferel Ecuyer fieur de Malaval, d'une des plus anciennes Nobleffes de la Province, ayant eû le malheur par l'effet d'une impetuofité de jeuneffe de commettre un affaffinat dans le Bourg de Marboz Baronnie dépendante du Comté de Mont-Revel, fon procès lui fut fait & parfait à la requefte du Procureur Fifcal de la Juftice de Mont-Revel, & par Sentence renduë par le Juge ordinaire de ladite Juftice le 12. Novembre 1706. ce Gentilhomme fut condamné d'avoir la tête tranchée fur un échaf-faut, la Sentence a efté executée par effigie ; & le tout s'eft paffé fans la moindre oppofition de la part du Prefidial, qui ne prétendit point à lors que les Nobles n'étoient pas affujettis à la Juftice des Seigneurs.

Il n'y eût cependant jamais d'occafion, où le Prefidial eût dû faire val-loir avec plus de force, & de chaleur le privilege chimerique qu'il voudroit aujourd'hui attribuer à la Nobleffe, de ne pouvoir eftre affujettie qu'à la Juftice ordinaire du Prince, puifqu'il s'agiffoit dans cette affaire de l'hon-neur & de la vie d'un Gentilhomme ayant fa réfidence dans les Terres du Comté de Mont-Revel.

Mais le Prefidial n'avoit garde d'interrompre, & de troubler les Offi-ciers du Comté de Mont-Revel dans une affaire, où il n'y avoit que du temps à perdre, & du papier timbré à dépenfer ; *quod fi dolofi, fpes ref-fulfiffet nummi.* *

QUATRIE'ME QUESTION.

Concernant les matieres poffeffoires.

On devroit naturellement fe contenter pour toutes réponfes aux moyens frivoles que le Prefidial employe dans fon nouveau Memoire pour dépoüil-les Juges des Seigneurs de la connoiffance des poffeffoires en matiere pro-phane d'employer ce que l'on a dit dans le précedent Factum pages 28. 29. & 30. où l'on a établi d'une maniere fi victorieufe la temerité, & l'injuftice de la prétention du Prefidial.

Mais on veut bien par furabondance rappeller icy les deux principales objections du Prefidial, fur cette matiere, parce que ce font les feuls moyens que le Prefidial pourroit opofer s'ils étoient foutenus de quelque réalité.

La premiere objection confifte à dire que le Duc Amedé par l'Art. 159. de fes Statuts de l'an 1430. avoit attribué la connoiffance des matieres poffeffoires à fes Juges Ducaux à l'exclufion de ceux des Seigneurs.

On a démontré dans le precedent Factum par la difpofition litterale de ce Statut, que bien loin qu'il contienne une attribution de la matiere aux Juges du Prince, à l'exclufion de ceux des Seigneurs, il portoit abfolument tout le contraire, puifque le Souverain par cet Article veut & ordonne que la connoiffance du poffeffoire apartienne aux Juges des lieux où les troubles fe trouveront avoir efté commis.

Dans le précedent Memoire du Préfidial l'Auteur avoit eû le foin de ne point rapporter la difpofition de l'Article, parce qu'elle le dementoit formellement.

Dans le nouveau Memoire l'Auteur forcé de rapporter cet Article ne le rapporte qu'en le fincopant, & en traduifant les termes qu'il rapporte il fe donne la liberté d'y adjoûter par interprétations ces termes, *nos Juges,* ce qui n'eft abfolument point dans l'Article que l'on rapporte de nouveau tout entier fans en rien rétrancher, parce que la fimple lecture fuffit pour confondre le Préfidial, & demontrer que le Prince, a voulu & ftatué que la connoiffance du poffeffoire appartint au Juge du lieu, où le trouble feroit commis.

Præfenti Statuimus Edicto, quod ubicumque aliquis, fuerit fua poffeffione, vi, vel clam fpoliatus in patria noftra, & in loco fpoliationis ipfa fpoliatio erit notoria, vel altero Conciliorum, aut judicum locorum ubi, ipfa fpoliatio facta effe dicetur; tunc ipfe fpoliatus, ex Officio curiæ ad quam pertinebit ratione locorum, feu loci fpoliationis debebit reftitui.

Il y a donc bien de la temerité de la part de l'Auteur du Memoire du Prefidial, d'ofer dire que le Prince attribue la connoiffance du poffeffoire à fes propres Juges, à l'exclufion de ceux des Seigneurs, tandis que le le Statut porte tout le contraire.

L'Auteur en traduifant les termes fuivans & en les interpretant, *ex Officio curiæ, ad quam pertinebit &c.* Se demande à lui-même, *eft ce que le Prince* auroit donné le nom de Tribunal, *ex Officio curiæ*, à des Juftices qui n'ont pour la plûpart en Breffe, ni Château, ni Bourg, ni Bourgade &c.

Ce raifonnement eft digne de l'Auteur qui l'a fait, on ne devoit pas avoir relevé une femblable abfurdité que l'on propofe par forme d'infulte, mais puifque nous avons le malheur de n'avoir dans tout le Memoire du Prefidial que des abfurditez à combattre; il faut en ufer à l'égard de celles-ci comme à l'égard des autres: On dira donc que le nom de Tribunal convient à la Juftice Seigneuriale, comme à la Juftice Royale, ce terme étant affecté pour fignifier le lieu, où l'on rend la Juftice, & on ajoute que dans l'Article en queftion le Prince par le terme, *curiæ,* parle du Juge & de la Juftice du lieu, où les troubles arriveront, outré cela le mot *curiæ* fignifie par lui même le lieu deftiné pour les affaires publiques.

On fera rayer, & biffer du Memoire du Prefidial, les termes infultants *de pretendu Marquifat de Saint Martin*, dont l'Auteur a eû la temerité & la hardiefe de fe fervir, on aprendra à cet Auteur à refpecter & reconnoître les Titres & dignitez legitimement émanez de la puiffance Souveraine.

Revenons à la difpofition du Statut qui accorde d'une maniere fi formelle & fi autentique, la connoiffance du poffeffoire aux Juges des lieux *aut Judicum locorum , ubi ipfa fpoliatio facta effe dicetur*, ce qui fait évanouir la fauffe aplication que le Prefidial voudroit faire de la decifion du Statut aux Juges du Prince.

Non-feulement le Prince ne fait aucune attribution particuliere de la matiere à fes Juges ; mais il veut & ordonne au contraire, que la connoffance du poffeffoire apartienne & foit devoluë au Juge, & à la Juftice, dans le Territoire de laquelle le trouble arrivera ; & c'eft au Juge du Territoire que le Prince décide, que celui qui aura efté troublé ou fpolié, doit fe pourvoir, *tunc ipfe fpoliatus ex Officio curiæ ad quam pertinebit ratione locorum, feu loci fpoliationis debebit reftitui*, apres des décifions fi claires, fi formelles & fi precifes, comment pouvoir pouffer l'aveuglement & la temerité jufques à dire que le Prince par le Statut, fait une atribution fpeciale à fes Juges, à l'exclufion de ceux des Seigneurs ; c'eft trop s'étendre puifqu'il fuffit d'employer la difpofition textuelle du Statut, pour prouver qu'il attribue nommément la connoiffance des matieres poffeffoires aux Juges des Seigneurs dans l'étenduë de leurs Territoires.

Quant à l'Article 178. de l'Ordonnance de Savoye que l'Auteur datte de 1547. & l'Article 120. du ftile de Savoye, en les fupofant tels que l'on nous les prefente, il n'y a qu'à les employer pour faire évanouir la pretention du Prefidial.

En effet lorfque le Préfidial voudra nous oppofer que fous la domination des Souverains de Savoye la connoiffance du poffeffoire étoit un cas Ducal, il faudra qu'il nous raporte un Statut, une Ordonnance ou un Edit de quelque Comte, ou Duc de Savoye, par lequel la connoiffauce du poffeffoire ait efté nommemement attribuée aux Juges du Prince, & interdite aux Juges des Seigneurs.

L'Article 159. des Statuts de 1430. attribuë précifement aux Juges des Seigneurs la connoiffance des matieres poffeffoires dans l'étenduë de leurs territoires, & les Seigneurs ont outre cela ce droit en vertu de leurs infeodations, qui font fans referve de cas, affaires ou matieres, il n'y a jamais eu d'Ordonnance ni d'Edit des Ducs de Savoye, qui leur ait interdit la connoiffance de cette matiere, & par confequent elle n'a jamais efté un cas Ducal fous la domination de Savoye.

Il ne refte donc plus à préfent qu'à examiner fi les complaintes poffeffoires en matiere prophanes font comprifes dans le nombre des cas Royaux. On n'entreprendra point ici de prouver que les complaintes en matiere prophane, ne font pas, & n'ont jamais été comprifes au nombre des cas Royaux. La feule propofition fuffit pour la faire profcrire & rejetter, de même que le prétexte illufoire fur lequel le Préfidial fe fonde, pour faire regarder cette matiere comme une efpece de cas Royal ; en difant, que c'eft aux Officiers Royaux à conferver chacun en fa poffeffion, *ne*

fubditi

subditi ad arma confugiant ; car ce prétexte, que Loyfeau appelle *une attrappe pratique*, que les Juges Royaux ont imaginé, s'évanouit dès que l'on veut faire attention que le Roy ayant accordé la Juftice aux Seigneurs ; & leur ayant permis d'etablir des Juges pour rendre Juftice à tous les fujets du territoire, il leur a', par une confequence neceffaire, accordé le pouvoir de maintenir chaque Jufticiable dans fa poffeffion ; ce qui eft là le premier objet, & la caufe finale de l'établiffememement de la Juftice.

On fe contenteroit d'employer ce que l'on a dit dans le precedent Factum, fi l'on ne fe propofoit ici de convaincre le Prefidial par lui-même, & de le forcer de convenir que les Juges des Seigneurs hauts-Jufticiers de Breffe, avant & lors de la réunion de la Breffe à la Couronne; & longtems après, étoient en poffeffion paifible de la connoiffance des matieres poffeffoires prophanes, lefquelles le Prefidial a lui-même reconnu n'être point comprife dans le nombre des cas Royaux.

La piece de conviction que l'on veut prefenter au Prefidial ne lui fera pas fufpecte ; & il ne pourra ni la rejetter, ni la contredire, puifqu'il nous l'a oppofé, qu'il s'en veut faire un titre contre les Seigneurs de la Province, qu'il nous menace de la produire, & qu'il la conferve dans fes Archives, avec tant de foin & tant de refpect.

Cette piece eft le projet d'accommodement que Granet rapporte, page 261. & qu'il date du 12. Mars 1617.

L'Article cinq de ce fameux projet, porte en ces termes : *pourront de même les Juges defdits Seigneurs connoiftre des matieres poffeffoires prophanes, perfonnelles, réelles & mixtes entre Roturiers, ainfi qu'ils faifoient auparavant lefdits Arrefts.*

Ces Arrefts étoient ceux des 14. Avril 1612. & 24. Juillet 1615. le fait eft conftant; le fieur Granet le dit lui-même, & le Prefidial en convient dans fon Memoire.

Voilà donc une preuve conftante, refultante de la propre confeffion faite par les Officiers du Prefidial, par un Acte public dont ils étoient eux-mêmes les Auteurs & les Redacteurs. Que avant l'Arreft du 14 Avril 1612. les Juges des Seigneurs étoient dans la poffeffion paifible de connoître des matieres poffeffoires prophanes, perfonnelles, réelles & mixtes; pourquoi donc les vouloir dépouiller de ce droit : N'eft-ce pas une injuftice & une nouveauté tout-à fait criante?

En fecond lieu, les Officiers du Prefidial ont donc formellement reconnu que les matieres poffeffoires prophanes, n'étoient pas dans le nombre des cas Royaux, puifqu'ils confentent que les Juges des Seigneurs en prennent connoiffance comme auparavant.

Envain le Prefidial oppoferoit-il que le confentement de la compagnie ne fut donné qu'à condition, que les Seigneurs confentiroient la fuppreffion de leurs Juges d'appeaux, s'il s'avifoit de faire une femblable réponfe; on l'a traitteroit d'abfurdité.

En effet, fi la connoiffance des matieres poffeffoires prophanes, étoit un cas Royal, il n'auroit pas été au pouvoir des Officiers du Prefidial d'en permettre la connoiffance aux Juges des Seigneurs ; parce que les Ordonnances interdifent abfolument aux Juges des Seigneurs la connoiffance des cas Royaux.

O

Si au contraire une semblable matiere n'est point un cas Royal, ainsi que le Presidial l'a si formellement reconnu lui-même, & ainsi qu'il est impossible d'en douter, à moins de vouloir passer pour un visionnaire, on demande au Presidial de quel droit & de quelle autorité il veut aujourd'hui dépouiller les Justices Seigneuriales de la connoissance des matieres possessoires, prophanes ; cela resiste également au bon sens & à l'équité.

On ne releve point ici la restriction que le sieur Granet insera *entre Roturiers*, cela est inutile ; parce que les Juges des Seigneurs ayant la connoissance des causes des Nobles, point de difficulté, qu'ils ont la connoissance des possessoires entre les Nobles, également comme entre les Roturiers.

CINQUIE'ME QUESTION.

Concernant les Contrats passez pardevant les Notaires Royaux.

On ne fera ici qu'employer les moyens solides que l'on a établi dans le precedent Factum, pages 31. 32. & 33.

Comme nous n'avons ici de contestation que sur une restriction singuliere portée par l'Arrest du 24. Juillet 1615. lequel ayant été rendu, à proprement parler, sans contradicteur ; puisque les Seigneurs ne produisirent aucuns de leurs Titres, & ne se deffendirent pas. Cet Arrest porte que les Juges des Seigneurs connoîtront des actions procedantes des Contrats, passez pardevant les Notaires Royaux, lorsque la contestation sera entre les Justiciables seulement, le Presidial consent & demande l'execution de cet Arrest ; & par consequent, il auroit dû s'éviter la peine de faire tant d'efforts, pour soûtenir que les Juges des Seigneurs ne devoient pas connoître des actions procedantes, des Contrats passez par les Notaires Royaux, puisqu'il est obligé lui-même de retrancher une semblable proposition.

Dans le precedent Factum, on a soûtenu & démontré que les Juges des Seigneurs doivent connoître des actions procedantes des Contrats passez par les Notaires Royaux, lorsque les Parties ou le Deffendeur feront leurs justiciables.

Le Presidial prétend que l'Arrest de 1615 doit être executé dans sa restriction ; mais cette prétention n'est pas soûtenable. 1°. Parceque l'Arrest de 1615 n'est que provisionel ; & en second lieu, parceque en jugeant que les Officiers des Seigneurs sont en droit de connoître des actions procedantes des Contrats, sans quoi ce seroit annnéantir de fond en comble les Justices Seigneuriales ; puisque toutes les actions procedent des Contrats : *actionum matres, sunt obligationes.* C'est juger par une consequence nécessaire qu'ils en doivent connoître, lorsque les Parties, ou le défendeur feront leurs justiciables, & il ne faut pour établir cette proposition que rappeller un principe qui est incontestable de sa nature, étant fondé sur les Ordonnances & sur l'usage soûtenu de la Jurisprudence des Arrêts, qui est que le Demandeur est nécessairement obligé de suivre le domicile du Deffendeur ; à moins qu'il ne soit fondé en privilege, pour pouvoir attirer le

Deffendeur pardevant un autre Juge, que celui de son domicile.

Il ne reste plus que l'abus introduit par le Présidial, de vouloir forcer contre le droit commun les Justiciables des Seigneurs, de prendre au Greffe du Présidial une commission, que l'on appelle dans le Pays *Lettres de main garnie*, pour l'execution des Contrats. L'on a démontré que c'étoit une oppression. Il n'en faut pas d'avantage pour faire retracter un pareil abus. Malgré la prétenduë possession dont le Présidial voudroit se faire un titre: *Usus autoritati cedat, pravum usum, lex & ratio vincat.*

DERNIERE QUESTION.

Concernant les Discutions.

On a démontré dans le précedent Factum d'une maniere si solide, & par des moyens si victorieux l'injustice de la prétention du Présidial, concernant les discutions dont il voudroit dépoüiller les Justices des Seigneurs que l'Auteur de son Mémoire s'est vû dans l'impossibilité absoluë d'y repondre un seul mot.

Mais pour ne pas demeurer absolument muet sur cette matiere, qui interesse si-fort la Compagnie, l'Auteur du Mémoire a jugé à propos, ne pouvant mieux faire, de substituer (au lieu de moyens, pour établir un droit qui ne lui appartient pas) des prétenduës raisons de bienseance, ou de convenance qui aboutissent uniquement à vouloir insinuer, qu'une discution generale de biens meubles, & immeubles se fait avec plus d'exactitude , par une Compagnie d'Officiers d'un Baillage principal , que dans une Justice Seigneuriale.

C'est dans ce dessein que l'Auteur du Mémoire du Présidial , en se surpassant lui-même, a fait de si grands efforts d'imagination , pour nous representer la discution génerale, sous la figure de cette Hydre épouvantable, dont la défaite étoit uniquement reservée à la valeur, & au bras invincible d'Hercules.

Dans la définition que cet Auteur nous donne de la discution generale, il fait un détail de toutes les difficultés , & de tous les prétendus inconvenients, qui accompagnent ordinairement ces sortes de discutions, tels que sont les Créanciers absents, les Mineurs , les Nobles , Abbés , Prieurs de Fondation Royale, Chapitres, Collegiales, & Communautez Régulieres, & séculieres, les préferences, & les privileges des Créancieres, l'anteriorité & la posterité des dattes , le concours des hypotéques, les subrogations énoncées dans les Contrats, la distribution du prix, l'ordre des collocations, & une infinité d'autres inconvenients, qui n'ont jamais existé que dans l'imagination de l'Auteur.

Mais tout ces vains phantômes, & toutes ces chimeres s'évanoüissent & se dissipent du premier coup d'œil qu'elles ne sont pas en état de supporter. *Parturient montes nascetur ridiculus mus.*

1°. Le Présidial ne doit pas ignorer que l'on ne juge pas & qu'il n'est pas permis de juger sur de prétendus inconvenients il doit sçavoir cette sage maxime de droit *quisque fulcire bebet jus suum fiduciâ Juris sui.* Les Juges ne peuvent

déterminer leurs decifions que fur le merite des droits des Parties en eux
mêmes; & par confequent il n'eft nullement icy queftion d'examiner fi les
difcuffions generales font épineufes, & difficiles, mais uniquement de
fçavoir fi les Juges des Seigneurs font en droit d'en connoître.

2°. Le fyftême imaginé par l'Auteur, (& qui eft fon feul moyen) de
dire qu'une Compagnie d'Officiers tels par exemple que Meffieurs les Officiers du Baillage & du Préfidial de Bourg, dont les nouveaux avec les
anciens forment fucceffivement, & continuellement un Corps de Jurifconfultes experimentez font plus en état de juger & decider les queftions, &
difficultez qui fe préfentent dans les difcutions que les Juges des Seigneurs.
Ce fyftême s'il étoit poffible d'y avoir le moindre égard, ne tendroit à rien
moins qu'à anneantir de fond en comble toutes les Juftices Seigneuriales du
Royaume puifque il ne dépendroit plus que du caprice des Officiers
Royaux de dépoüiller les Juges des Seigneurs des caufes, des affaires, &
des matieres, qui feroient de leur goût en difant que les affaires renferment
des queftions de Droit, & de Coûtumes, très épineufes, dont l'on ne peut
confier la decifion à des Juges Seigneuriaux, & qui demandent l'habileté &
l'experience d'une Compagnie d'Officiers Royaux qui eft compofeé de
Jurifconfultes confommez.

3°. Le fyftême de l'Auteur, & la prétenduë raifon de convenance qu'il
nous oppofe pour unique moyen fe trouvent malheureufement pour lui
condamnez par les conceffions faites par les Souverains des Juftices Seigneuriales, & par cette multitude innombrable d'Ordonnances faites ex-
près pour reprimer les entreprifes des Officiers, & Juges Royaux fur les
Juftices des Seigneurs.

En effet par les conceffions des Juftices Seigneuriales, & par les Ordonnances faites pour les maintenir, & conferver; les Souverains n'ont pas eû
égard à la prétenduë raifon de convenance que l'on nous oppofe aujour-
d'hui, ils l'ont tout au contraire formellement réprouvé, en deffendant
à leurs Officiers de s'attribuer les Jurifdictions des Seigneurs qui font quali-
fiez de Juges ordinaires, fans que les Baillifs Prevôts & autres Officiers
Royaux *puiffent traire pardevant eux les Jufticiables des Seigneurs finon que ce
fût en pur cas de Reffort, & Souveraineté feulement.*

Le Préfidial a donc bien mauvaife grace de vouloir dépoüiller les Juges
des Seigneurs de la connoiffance des difcutions fous prétexte qu'une Compagnie d'Officiers paroît plus en état de decider une multitude de queftions
qui pourroit fe préfenter qu'un feul Juge; encore un coup les Souverains
dans les conceffions par eux faites de leurs Juftices primitives pour les exercer par les Seigneurs dans leurs territoires, & par les Ordonnances faites
pour maintenir, & conferver ces Juftices n'ont point admis de diftinction
entre les affaires difficiles, & épineufes, & les affaires faciles, & par confequent que Meffieurs les Officiers du Préfidial confervent leur doctrine
& leur experience pour la decifion des affaires dont le Souverain leur a
attribué la connoiffance qu'ils n'étendent point leur Jurifdicton au delà
de fes bornes & qu'ils ayent la bonté de faire attention que l'on ne peut pas
s'emparer des droits, non plus que du bien d'autruy fous prétexte de bien-
feance & de convenance.

4°. Dans les difcutions également comme dans toutes les autres affaires
d'importance

d'iimportance lorfque les Juges des Seigneurs qui dans la Province , ont
l'honneur d'eftre graduez trouvent leur religion embarraffée de quelques
douttes fur les queftions qu'ils ont à decider ils appellent , (& c'eft la
l'ufage ordinaire) des Avocats experimentez; la Province n'en manque pas,
dont les lumieres & la probité ne ceddent en rien à Meffieurs les Officiers
du Préfidial.

5°. Les decrets font dans les autres Provinces ce que les difcutions font
dans la Breffe, ils font même beaucoup plus folemnels, tous les mêmes prétendus inconveniens , & toutes les mêmes queftions qui fe préfentent
quelquefois dans les difcutions de Breffe fe rencontrent également dans
les decrets, & cependant il eft conftant que dans les autres Provinces du
Royaume les Juges des Seigneurs connoiffent des decrets , & par confequent de quel droit Meffieurs les Officiers du Préfidial pouroient-ils prétendre dépoüiller les Juges des Seigneurs de Breffe de la connoiffance des
difcutions ; *Ubi eadem ratio ; ibi idem jus ftatuendum.*

Le Prefidial parle d'un Arreft en fa faveur au fujet de la difcution du
fieur Bourjeon de Pontdevaux, dans le précedent Factum on en a raporté
plufieurs en faveur de differentes Juftices Seigneurialles de la Province,
on en pourroit rapporter beaucoup d'autres, de même que plufieurs exemples de differentes difcutions dont les Juges des Seigneurs ont connu, telle
qu'eft par exemple la difcution generale des biens d'un nommé Touffain
Poignand , Laboureur d'Efnes fur Saone, pourfuivie à la Requefte des
freres Gonet, Laboureurs du même lieu, dont les Officiers du Comté de
Mont-Revel ont connu en l'année 1711 fans aucune oppofition de la part
du Prefidial : ainfi que beaucoup d'autres difcutions pourfuivies paifiblement à Mont-Revel depuis 1711. on ne s'étend pas d'avantage fur les Arrefts & fur la poffeffion qui ont également varié de côté, & d'autre, il
s'agit icy d'examiner les titres & les droits des Parties.

Enfin pour forcer le Prefidial lui-même de convenir de la temerité &
de l'injuftice de fa pretention, on lui fera un argument bien fimple : mais
auquel on lui défie de répondre.

Il eft conftant entre les Parties, que pendant tout le temps que la Breffe
a efté fous la domination de la Maifon Royale de Savoye, il n'y a jamais
eu ni aucun Statut, ni aucune Ordonnance ou Edit d'aucuns Comtes,
ou Ducs de Savoye, qui ayent attribué à leurs Juges la connoiffance des
difcutions generales, à l'exclufion des Juges des Seigneurs.

Il eft pareillement inconteftable que depuis la réunion de la Breffe à la
Couronne , nous n'avons ni Ordonnance , ni Edit , ni Declaration , qui
ayent interdit aux Juges des Seigneurs la connoiffance des difcutions generales pour l'attribuer au Bailliage & Siege Prefidial de Bourg.

De vouloir qualifier la connoiffance des difcutions, de cas Royal, la chofe
eft moralement impoffible, les Ordonnances ne le difent point, & le droit
public condamne une femblable propofition. Les decrets qui font dans les
autres Provinces ce que font les difcutions dans la Breffe, qui tendent
à même fin, qui produifent le même effes, qui font affujettis à beaucoup
plus de folemnitez, & qui ne different que quant au nom , ne font point
dans le nombre des cas Royaux, ou des cas des Juftices Royales, & tous
les Juges des Seigneurs en connoiffent, & par confequent impoffible,

comme on vient de le dire, de qualifier, comme le Presidial voudroit faire les discutions de cas des Justices Royales.

Dans ces circonstances il est invincible que la prétention du Presidial se trouve absolument dénuée de tout fondement ; & de tout pretexte ; elle est une entreprise manifeste sur les droits les plus legitimes, & les plus incontestables des Justices des Seigneurs.

Dans le precedent Factum on a démontré que les entreprises du Présidial estoient infiniment préjudiciables aux Sujets du Roy justiciables des Seigneurs, attendu qu'ils estoient exposez à des frais qui excedoient extraordinairement ceux des Justices Saigneuriales, dont on a raporté pour exemple la discution des biens de Me Branger.

L'Auteur du Memoire du Présidial a cru pouvoir éluder l'effet & la cause de l'objection, en disant que la veuve de Me Branger avoit esté remplie de sa dot & de ses reprises, & qu'il y avoit eû même quelques creanciers posterieurs à cette veuve, qui avoient esté utilement colloquez.

Mais l'erreur de fait dans laquelle on estoit à l'occasion des reprises de la veuve de Me Branger ne diminuë en rien la force de l'objection qui n'a esté faite que pour démontrer le préjudice énorme que souffrent les Justiciables des Seigneurs.

En effet on soutient avec confiance, & le Presidial ne pourra en disconvenir, que les frais de la discution de Me Branger ont excedé de plus de six à sept fois ceux qui auroient esté faits en la Justice de Mont-Revel.

Au surplus on vient d'estre instruit que la Veuve de Me Branger ne fut utilement colloqué que pour une partie de ses reprises, & que pour le surplus elle fut obligée d'exercer son action contre des tiers acquereurs des biens alienez par son mary qui furent contraints de déguerpir.

Si cette discution eût esté poursuivie à Mont-Revel, les biens de M^e. Branger se seroient trouvés plus que suffisants pour remplir la Veuve de sa Dot, & de la totalité de ses reprises, & pour payer generalement tous les Créanciers, au lieu que la meilleure partie ont perdu leurs créances, & des tiers-Acquereurs de bonne foi ont eu le malheur d'être contraints pe déguerpir.

Voilà une legere idée des tristes effets que produisent les entreprises du Siége Royal sur les Justices das Seigneurs.

L'Auteur du Mémoire du Présidial s'est emporté avec aigreur, sur ce que dans le précedent Factum on a cité M^e. Revel, qui dans sa remarque 31e. page 116. dit en parlant des discutions qui sont portées au Présidial, *& l'autre abus est que M. le Commissaire prend les deux sols pour livre des sommes qu'il liquide, outre les Epices, & le Greffier oblige la Partie de retirer un Extrait ou verbal de ladite liquidation à gros frais ; ce qui mange le pauvre Créancier.* Cet Auteur prétend que c'est une malice punissable d'avoir cité cette remarque ; parceque M^e. Revel dans son addition sur la distribution des deniers. page 306. dit que la chose n'est pas vraye.

Il n'y a donc rien à pouvoir imputer au Conseil de M. le Comte de Mont-Revel ; puisque sa citation est veritable, c'est au Présidial à s'en prendre au Commentateur, & non à celui qui le cite, qui ne pouvoit pas, & n'étoit pas obligé de deviner ce que M^e. Revel a dit, page. 306. Il n'est pas d'usage de parcourir toutes les feüilles, & toutes les lignes d'un Livre ; cela seroit impossible.

Au surplus, ce que M^e. Revel a dit, pag. 306, n'eſt qu'un pur effet de ſa crainte, ou de ſa complaiſance pour les Officiers du Siége.

En effet, on laiſſe juger au public, ſi M^e. Revel qui étoit le Doyen des Avocats du Siege, n'eſtoit pas auſſi-bien inſtruit de l'uſage qui s'y pratiquoit, lorſqu'il a écrit ſa remarque 31. pag. 116, comme il l'étoit lorſqu'il a écrit ſon addition, page 306, où il ne s'eſt pas totalement retracté, comme on voudroit l'inſinuer; mais a dit ſeulement *que Meſſieurs les Officiers du Baillage prenoient quatre deniers pour livre.* La cauſe de cette Addition n'eſt pas difficile à pénétrer.

L'Auteur du Mémoire du Préſidial vient de faire preſent au public d'un Proverbe, qu'il s'eſt donné la peine d'inventer ſous le nom des Payſans de Breſſe, qui marque la fertilité, & l'élevation de ſon génie, & qui nous donne lieu d'eſperer qu'il pourroit enrichir la Republique des Lettres d'un nouveau Traité ſur l'uſage des Fiefs, dont il a parlé avec tant d'érudition.

Quant au reproche que l'Auteur à la temerité de faire aux Juges des Seigneurs, que s'ils connoiſſoient des diſcutions, tout ſeroit diſſipé, & mangé en frais. On peut dire qu'il y a bien de l'indiſcretion, & de la hardieſſe dans un ſemblable reproche; puiſque l'on offre de prouver que les frais des diſcutions, qui ſont introduites au Baillage & Siége Préſidial de Bourg, excedent de plus de ſix à ſept fois les frais qui ſe feroient dans les Juſtices des Seigneurs.

Cet Auteur s'eſt très-mal à propos attaché à diffamer la mémoire de feu M^e. Philibert Collet dans le Commentaire duquel il dit, que le Conſeil de M. le Comte de Mont-Revel, & de M. le Marquis de Saint Martin, a puiſé une partie des moyens qu'il a établi dans ſon précedant Factum; quoique l'on ne ſe ſoit nullement ſervi de ce Commentaire, ainſi que ceux qui auront lû quelque fois le Commentaire & le Factum, en pourront juger. Ce n'eſt pas que l'on mépriſe ce Commentaire; car on déclare publiquement au Préſidial que, l'on s'en ſervira au Conſeil.

Le Préſidial l'a parfaitement prévû, & c'eſt par cette raiſon que l'Auteur de ſon Mémoire s'eſt épuiſé en injures contre l'honneur & la reputation de M^e. Collet, & a tant fait d'efforts pour décrediter ſon Commentaire.

L'on n'entreprend point icy l'Apologie de M^e. Collet; cela n'étant point de nôtre ſujet; mais on obſerve;

1°. Que le public eſt très-redevable à M^e. Collet du Commentaire qu'il lui a donné ſur tous les Statuts, & uſages de Breſſe. M^e. Charles Revel n'ayant compris dans ſes judicieuſes remarques, qu'une très-legere partie des Statuts.

2°. Malgré l'idée affreuſe que l'Auteur s'efforce de donner du Commentaire de M^e. Collet, il tient ſon rang dans toutes les Bibliotéques des Sçavants.

3°. L'Auteur ne declame contre la mémoire de M^e. Collet, & contre ſon Commentaire, que parce qu'il a toûjours deſaprouvé les entrepriſes du Préſidial contre les Juſtices des Seigneurs dont il a rendu compte dans ſon Commentaire, & c'eſt ce qui l'a rendu, pendant toute ſa vie, l'objet de la perſecution du Préſidial, ſous laquelle il a enfin eu le malheur de ſuccomber.

Monſieur le Comte de Mont-Revel & Monſieur le Marquis de Saint Martin, non plus que les autres Seigneurs, n'ont que faire de Commentaire ni de Commentateur pour établir leurs droits de Juſtices, qui ſont plus que ſuffiſamment établis par leurs Titres & leurs infeodations; & ſi l'on annonce que l'on ſe ſervira au Conſeil du Commentaire de Maiſtre Collet, ce n'eſt pas en qualité de *Deciſions*, mais en tant qu'il contient des remarques, des faits & des circonſtances particulieres, ſur leſquelles on ne craint point la critique paſſionnée du Preſidial, ni qu'il puiſſe les contredire.

On obſerve ici que Maiſtre Collet n'a point dit dans la page 7. de ſon Livre 3. que le Prince avoit ſoûmis le Juge general des Appellations de Breſſe au Conſeil & au Senat de Chambery; c'eſt uné nouvelle ſubtilité de l'Auteur du Memoire du Preſidial, que l'on défie de rapporter aucun veſtige de preuve, ni le témoignage d'aucun Auteur, qui ait dit que le Juge general des Appellations de Breſſe fût un Juge inferieur, & on a prouvé qu'il jugeoit les Appellations de la Province en dernier reſſort; auſſi le Prince par les infeodations n'a-t il point ſoûmis ſon Juge general des Appellations de Breſſe, ni à ſon Conſeil, ni encore moins à ſon Senat qui n'étoit pas établi.

Enfin, l'Auteur du Memoire du Preſidial hors d'état de pouvoir conteſter les droits de Juſtice du Marquiſat de Saint Martin, s'eſt retranché à dire, que les Titres n'en étoient pas produits; qu'ainſi cette Terre ne pouroit paſſer que pour une ſimple Seigneurie qui ne meritoit aucune attention, tant pour le ſecond degré de Juriſdiction, que pour tous les autres droits qu'il ſe donne la liberté d'appeller vains & chimeriques.

Après les plaintes que l'Auteur, pour exciter la commiſeration des Juges, a faites, page 14 & de ſon Memoire que la Juſtice du Marquiſat de Saint Martin s'étendoit juſqu'aux Portes de la Ville de Bourg: il y a lieu d'être ſurpris qu'il affecte de prétendre ici cauſe d'ignorance de cette Terre & de ſa Juſtice, dont il a tant de fois lû les Titres qui ſont rapportez, ainſi que ceux des autres Terres de marques & de dignitez de la Province, dans les preuves de Guichenon, dont il louë lui-même l'exactitude, la ſincerité & la fidelité.

Mais pour impoſer ſilence au Preſidial, on produira les Titres du Marquiſat de Saint Martin, qui ſont en premier lieu le Contrat d'échange fait à ſaint Porſain le 16 Novembre 1455. entre Louis, Duc de Savoye; & Meſſire Claude de la Baume, Comte de Mont-Revel, Gouverneur des deux Bourgognes, par lequel le Duc de Savoye remit à Claude de la Baume la Seigneurie de ſaint Martin le Châtel, en échange des trois cinquiémes que ledit Meſſire Claude de la Baume avoit dans la Ville, Château, Bourgs, Châtellenie, & Mandement de Gordans.

Par cet échange, le Duc de Savoye tranſmet à la Maiſon de la Baume Mont-Revel, tous les droits de Juſtice qu'il avoit dans la Seigneurie & Châtellenie de ſaint Martin, ſur toutes ſortes de perſonnes *Nobles & non Nobles*, les Fiefs, arriere-Fiefs, Hommages, & tous autres droits generalement quelconques, avec la conceſſion du ſecond degré de Juriſdiction.

En ſecond lieu, on produira les Lettres Patentes du 10. Aouſt 1582. par

lefquelles Charles-Emmanuel Duc de Savoye, érigea la Terre & Seigneurie de faint Martin en Marquifat, en faveur de fa bien-Amée Coufine
Madame la Comteffe de Mont-Revel, veuve de Meffire François de la
Baume, Comte de Mont-Revel, Gouverneur de Savoye, & des Provinces de Breffe, Bugey, Gex & Valromey, par lefquelles Lettres Patentes le
Prince ne s'eft refervé que le dernier Reffort à fon Senat de Savoye, qui
étoit alors depuis environ vingt ans établi à Chambery.

La reprefentation de ces Titres, qui font fi facrez & fi refpectables,
forcera donc le Prefidial de convenir qu'il ne peut contefter les droits &
dignitez qui y font accordez ; puifque vouloir les contefter, ce feroit entreprendre de combattre la puiffance Souveraine, de laquelle ces Titres
font émanez.

On finit par cette judicieufe Obfervation de Loyfeau, *que toutes Juftices*
appartiennent au Roy, les unes en pleine proprieté qui s'exercent en fon
nom, & les autres en Seigneurie directe feulement, qui s'exercent au nom
des Seigneurs qui en font vrais proprietaires, & Seigneurs utiles à Titre
de Fief, les relevant du Roy, qui partant en eft l'Auteur & le garant ; &
que les grands Seigneurs fervant le Roy, & combattant pour la Couronne, le Roy réciproquement eft tenu de les maintenir & conferver dans
leurs Seigneuries & droits de Juftice ; d'où il s'enfuit que les Officiers
du Roy ne les peuvent affoiblir ou diminuer.

Me ROBERT, Avocat.